名人的成长：肖邦

李嘉 ___ 著

中国青年出版社

图书在版编目（CIP）数据

肖邦 / 李嘉著 . -- 北京：中国青年出版社 , 2025.

1. -- (名人的成长). -- ISBN 978-7-5153-7714-8

Ⅰ . K835.135.76-49

中国国家版本馆 CIP 数据核字第 2025J4A463 号

责任编辑：张佳佳
出版发行：中国青年出版社
社　　址：北京市东城区东四十二条 21 号
网　　址：www.cyp.com.cn
编辑中心：010-57350413
营销中心：010-57350370
经　　销：新华书店
印　　刷：三河市君旺印务有限公司
规　　格：650mm×910mm　1/16
印　　张：13
字　　数：135 千字
版　　次：2025 年 4 月北京第 1 版
印　　次：2025 年 4 月河北第 1 次印刷
定　　价：65.00 元

如有印装质量问题，请凭购书发票与质检部联系调换
联系电话：010-57350337

弗里德里克·弗朗索瓦·肖邦
Fryderyk Franciszek Chopin
1810年3月1日—1849年10月17日

波兰钢琴家、作曲家，出生于波兰华沙，毕业于华沙国家音乐高等学校。19世纪欧洲浪漫主义音乐的代表人物，被誉为浪漫主义"钢琴诗人"。历史上最具影响力的钢琴家、作曲家，也是波兰音乐史上最重要的人物。肖邦于1829年起在欧洲巡演，后因华沙起义失败定居法国巴黎，开始从事教学与创作。1849年10月17日，肖邦因肺结核病逝于巴黎，年仅39岁。肖邦一生共创作约两百首作品，主要以钢琴曲为主，旨在探索钢琴的表现潜力，为"浪漫乐派"的发展奠定了基础。他的作品具有深刻的民族情感，题材紧扣波兰人民的生活和历史，植根于波兰传统民间音乐。同时，作为欧洲"民族乐派"的先锋人物，他的作品又表现出强烈的爱国主义精神，其"英雄"主题不仅影响了整个欧洲，对20世纪中国民族音乐的发展也起到了重要的指引作用。

序言

　　祖国，我愿为你献身，永远忠诚于你。始终用我的琴声为你歌唱和战斗，唯能表达我对你坚贞不渝、至死不惜的爱。

——肖邦

　　肖邦作为波兰人，他是一位爱国主义者，虽身处异乡，却始终心系祖国。他的音乐蕴含着波兰民族精神，积极地向世人传播当地的民族文化。舒曼曾说，肖邦的音乐是"隐藏在花丛中的大炮"。作为一位音乐家，他具有个性化的音乐语言，在汲取古典音乐养分的同时，勇于创新，赋予了圆舞曲、夜曲、前奏曲、练习曲、波洛奈兹、谐谑曲和叙事曲体裁新的意义，拓宽了它们的表现力。作为一位作曲家，在众多音乐大师中，他是唯一把主要创作精力集中在钢琴上的作曲家。在这狭窄的创作空间里，肖邦一生共创作了约两百首作品，把钢琴曲的发展提高到了前所未有的高度，被人们誉为浪漫主义"钢琴诗人"。

　　肖邦在其短暂的生命中，创作了大量富有诗情画意的钢琴曲，并勇于创新，使其成为欧洲音乐发展史上的一朵奇葩。波兰乡村民谣是肖邦音乐创作的主要来源。由于浪漫主义思潮和华沙革命的影响，加上他经常与进步作家、诗人交往，使其音乐作品带有明显的浪漫主义色彩，同时又带有爱国主义和民族音乐旋律的时代特色。他的音乐作品既有对家乡、爱人的思念，对未来美好生活的向往，又有对纯真的爱的细致描绘，对大自然的憧憬与赞美。

肖邦是波兰音乐史上最重要的作曲家，他的作品也是世界各地青年爱国主义教育的重要素材。历史上关于肖邦的著作有很多。山西师范大学音乐学院李嘉博士的这本书文笔优美，将严肃的历史事实和严谨的学术考证融入适合青年阅读的文字之中，在连续的故事发展中展现了一位爱国者的生动形象，为学习和演奏肖邦的音乐作品提供了文献参考。我希望在中国有更多像李嘉博士这样优秀的学者，以新的视角研究肖邦。希望青年在阅读这本书的过程中，对肖邦的生平、创作以及他对祖国波兰的深切热爱有更多的理解与感悟。

卡塔知娜·伯列克

Katarzyna Borek

2023 年 5 月

目录

第一章 1810—1820

冬日暖阳

天才的降生

1810 年的早春已经到来，玛索维亚那条乌特拉塔河平静地流淌着，通向索哈采夫大路两旁的牧场上牛羊成群，布罗索夫教堂巍然矗立在广阔的平原上。平原上有一片小小的树林，它们环抱着一座贵族的城堡。大路两旁种着白杨，白杨后面是一片麦田，每年秋天的时候，它们在微风的吹拂下泛起阵阵麦浪。远处，田野里一望无际都是紫云英、金花菜、油菜，开着紫的、黄的小花。天边是黑压压的森林，远看就像一条似蓝非蓝的丝带。在这片美丽而浪漫的土地上，一个叫热拉佐瓦·沃拉的村庄刚刚降生了一个小男孩。他的啼哭声回荡在古老的白杨树和茂密的灌木丛中，像天籁之音回应着母亲为他哼唱的库亚维亚舞曲。旋律充满了甜蜜，似乎正在赐予这个刚刚降临的小婴儿力量。母亲的脸颊有些消瘦，但不影响她柔婉而坚毅的美。母亲蓝色眼眸中发出的目光无比温柔，她不停地为这个小婴儿哼唱波兰民歌，因为他真的太喜欢哭闹了。只要妈妈停止哼唱，他就用尖锐的哭声表示抗议，但当妈妈继续哼唱时，他就能瞬间安静下来，用亮晶晶的大眼睛，目不转睛地注视着母亲一张一合的嘴巴，偶尔还会跟着轻哼几声，仿佛在附和母亲的歌声。母子就这样互相凝望和浅唱着，窗户和门廊边的藤蔓也都听醉了。园子外的小溪潺潺流过，把他们的歌声带向远方，带给每一朵花，每一粒沙。就这样，斯拉夫民族浪漫的基因在小婴儿体内不断孕育着，自由的血液在他的体内不断流淌着。此后，他将成为一位影响世界的"钢琴诗人"。

小男孩的父亲名叫米柯瓦伊·肖邦，他急急忙忙来到小木屋，欣喜地抱起小男孩，放在他宽阔的怀中，兴奋而温柔地对妻子贾斯蒂娜·肖邦说："亲爱的，你快看他明亮的大眼睛，多么迷人。他正冲着我笑呢，他这么可爱，就像冬日里的暖阳，夏日里的清风。"贾斯蒂娜望向这个男孩，他明亮的双眼和精致的嘴唇长得和他的父亲别无二致。她笑着说："米柯瓦伊，给我们的儿子起个名字吧！"米柯瓦伊沉思了一会儿，兴奋地说："他一定会是我们波兰平原上最优秀的孩子，就叫他弗里德里克·弗朗索瓦·肖邦。"这个名字来源于波兰语，其中弗朗索瓦是他母亲的姓氏。米柯瓦伊对贾斯蒂娜说："咱们的儿子一定能成为一位为实现民族独立而奋斗的人。"

对于祖国波兰的热爱之情从小就植根于肖邦的心里，并镌刻在他的名字中，伴随他的一生。

小男孩在父亲的怀中安然入睡。在他的梦里，野生的小麦漫山遍野。如果说古老的白桦树是一个个独舞演员，那么整片麦田就是一个芭蕾舞团。风的声音里你能听到豪迈，麦秆的律动里你能感受到欢欣。无数的"芭蕾舞者"一个接着一个地弯下腰去，又忽然随着风陡然站立。虽然肖邦在这个村庄里生活的时间不长，但是环境对人潜移默化的影响是深刻的。父亲的勇敢正直、朴实坚毅，母亲的温柔安静、端庄有礼，大自然中石头旁的花、园中的树、门外的小溪、山间的风、原野的雨……每一样都滋润着这个小家伙的心田。

贾斯蒂娜从小生活在波兰平原上，她具有波兰人民聪明、勤劳的优秀品质。在波兰，人们十分喜爱音乐和舞蹈，最爱跳的就是波兰独有的舞蹈"玛祖卡"。在这种热烈而欢快的舞蹈中，波兰人民能够暂时忘记战争的残酷，忘记生活带给他们的困苦，他们完全沉浸在生命与艺术铸成的神奇与快乐之中。当时欧洲大陆上的战火时常燃起，位于德、法、俄几个强国之间的波兰难逃战争带来的厄运。但波兰特有的民族文化却是根深蒂固的，并且这种文化在这片土地上生生不息、绵延不绝。

母亲贾斯蒂娜和父亲米柯瓦伊精心呵护着这个有些孱弱的小家伙。日常生活中，贾斯蒂娜不仅温柔贤淑，而且充满诗意，一有机会就为孩子们弹奏优美的乐曲，歌唱波兰民歌，空气中总是荡漾着浪漫又充满诗意的气息。音乐的魅力时刻扣动着小男孩的心弦，他听着音乐玩乐，听着音乐入梦，听着音乐徜徉在想象的世界里。乌特拉塔河边转动的磨坊，布罗索夫教堂灌木丛中小鸟的鸣叫，这一切都陪伴着这个婴儿去认识这个世界，爱上这个世界。

家庭的温暖

肖邦的父亲米柯瓦伊·肖邦出生在法国东北部的苏兰，并在那里度过了整个童年。但他却一直深爱着波兰，并且在到达波兰以后，始终把自己当成一个波兰人。这也许就是肖邦爱国的源头。

米柯瓦伊是一个勇敢、勤奋、聪慧、好学的人，虽然他出生在一个小村子里，但是他却才华横溢、志向远大。他17岁来到波兰，先是看管伯爵的领地并学做生意，中间又凭借自己出色的计算能力在波兰的一个工厂里当会计，后来在波兰抵抗沙皇俄国入侵的战争中又成为了一名上尉，最终米柯瓦伊因为这场战争变得身无分文。但流利的法语、波兰语和英语带给他一个影响一生的工作——给斯卡伯克贵族当家庭教师。正是这份工作让他结识了肖邦的母亲贾斯蒂娜，并和她喜结连理。米柯瓦伊不仅才华出众，而且精神世界十分丰富。他擅长演奏小提琴和长笛，他的音乐修养和艺术品位也非常高，这些都可以在他后来对自己儿子艺术的评价中得以证明。

肖邦的母亲贾斯蒂娜是旧贵族家庭的女儿，她安静、温柔、善解人意，生活中充满诗意和浪漫。虽然她出身贵族，接受过良好的教育和拥有高尚的品德，并且擅于弹钢琴，但现在却已经变得落魄且贫穷。由于她是贵族斯卡伯克家的远房亲戚，所以伯爵夫人将她作为侍女留在了身边。

一天，米柯瓦伊刚走进客厅，就被优美的钢琴声所吸引，他远远地望着伯爵家新来的远房亲戚贾斯蒂娜小姐正在弹奏一首美妙的曲子。为了不打扰贾斯蒂娜，米柯瓦伊停下脚步，静静地站在门口，一动不动，忘情地听着。不过，伯爵夫人无意中破坏了这一切。她大声呼喊着贾斯蒂娜："陪我去花园散步好吗，贾斯蒂娜？"贾斯蒂娜完全沉浸在美妙的音乐中，丝毫没有察觉有人在叫她。当她再一次听见伯爵夫人喊她的名字时，才立刻起身，大步向外走去，差点和米柯瓦伊撞个满怀。贾斯蒂娜害羞地抬起头，吃惊地问道："您是在听我弹琴吗？"米柯瓦伊微笑着回答道："我已经听了好一会儿了，小姐。我看您弹得那么专注，不敢走动，怕打扰您。"贾斯蒂娜露出微笑，轻声问："肖邦先生，您喜欢音乐吗？"米柯瓦伊回答："是的，我很喜欢音乐，钢琴、小提琴、长笛这些我都会一些。"贾斯蒂娜接着又问："哪一件乐器您最喜欢呢，先生？"米柯瓦伊略显兴奋地说："我最喜欢小提琴，并且一直都在练习，但是我拉得不够好，希望以后能向您请教。"贾斯蒂娜涨红了脸跑出门去，她一边跑，一边还回头看了看这个喜爱音乐的年轻人，并高兴地说："那我就当你的老师吧，以后我们可以一起练琴！"热爱音乐的米柯瓦伊此刻对这个会弹琴的美丽女孩产生了爱慕之情。

　　1806 年 6 月 2 日，米柯瓦伊 35 岁，贾斯蒂娜 24 岁，他们在华沙西部的一座罗马天主教堂结婚。对音乐的热爱使他们的关系变得更加融洽、和谐，而且，他们还有很多共同的朋友。冥冥之中，肖邦被派到了这个富有艺术气息的家庭。

　　一天晚上，小肖邦坐在父亲的腿上，米柯瓦伊虽然劳累了一天，但是他最快乐的时光就是晚饭后与孩子们在一起回忆往事。父亲一边给孩子们讲他小时候的故事，一边用多国语言培养孩子们的外语能力。父亲睿智的脸上始终洋溢着和蔼的笑容，但这笑容里又不失庄严，他总是用饱经风霜的手抚摸每一个孩子的头发后才开始讲述。

★

贾斯蒂娜·肖邦（1782—1861）

米柯瓦伊·肖邦（1771—1844）

"我在法国东部的一个村庄长大，那里有大片的葡萄园，秋天的时候，我会在葡萄架下眺望夕阳，葡萄的香气和落日的余晖使人陶醉。晚上，我会依偎在大人们的身旁听波兰国王斯坦尼斯瓦夫亲临葡萄庄园的故事。我们村子里的帕克伯爵有很多幕僚，其中有一个人叫威德里奇，他是一个聪明、正直的管家。他告诉我外面的世界很好，就像天堂一样，从此以后，我总是梦见天堂。"说到这里，米柯瓦伊的嘴角微微上扬，眼睛里闪着异样的光芒。他端起水杯喝了一口水，接着讲道："突然有一天，威德里奇先生问我要不要和他一起去波兰。波兰，我多么向往的地方，那时的我想都没想就答应了他。此后，我和威德里奇先生经常来波兰，并且参与到帕克伯爵产业的管理工作中。当时的我只有 17 岁，我努力学习波兰语、英语和审计，威德里奇先生也教给我很多处理财政问题的方法。由于我的努力，威德里奇先生非常信赖、器重我。后来我到了华沙，这座城市坐落在平原上，有宽阔的马路、富丽堂皇的建筑、宏伟壮观的教堂以及豪华的贵族府邸。走在路上，你可以看见很多不同国家的人：身穿老式长袍的波兰贵族；与僧侣往来密切的大胡子犹太人；裹着穆斯林头巾的土耳其人；站在街头拐角做生意的希腊人和意大利人；身穿时髦服装的法国人；贪婪地盯着姑娘的沙皇俄国士兵；身穿精美绸衣与修女们肩并肩在广场上散步的塞尔维亚人……这一切都是我没有见过的，一到这里我就爱上了这座城市。不过从那以后，我很少再看见昔日的葡萄园和落日，但我的生活充满了光明。"米柯瓦伊深情的讲述使孩子们听得入迷，没有一个人打断父亲的话。父亲因为讲太多话，稍微喘息了一会儿，孩子们就像小麻雀一样叽叽喳喳喊叫个不停："爸爸，那后来呢？""后来，我进入华沙一家烟草工厂工作。虽然我再也闻不到葡萄的香气，但是取而代之的是烟草独特的醇香。孩子们，今天就讲到这里，你们再不睡觉，公鸡都要打鸣了。"米柯瓦伊把孩子们放到床上后，用温热的嘴唇亲吻了每个孩子的额头，转身离开了卧室。米柯瓦伊是一位悉心教子的好父亲，他尽自己最大所能给孩子们提供好的学习和成长环境。他很注重孩子们的学业，在每个孩子很小的时候就培养他们读书写字，并且鼓励孩子们学习法语和波兰语两种语言。等孩子们稍大一些，他就按照波兰贵族家庭的传统，让孩子们学习弹琴。

每天早晨天还没亮，勤劳的贾斯蒂娜就起床为丈夫和孩子们准备早餐。有时候她会准备带烟熏香肠的三明治，有时候会做一些培根和煮鸡蛋，有时候还会烤一些面包和点心，准备一些茶和热牛奶。天冷的时候，她也会准备各种各样好喝的汤。她做的饭菜为一家人开启了美好的一天。吃完早饭，米柯瓦伊就匆匆前往学校。他在一所高中教授法语，空暇时间还要做兼职家庭教师。父亲努力工作是为了给整个家庭提供更好的物质条件，他甚至还在家里办起了家庭寄宿。他不仅在物质上给孩子们提供好的生活，而且在精神上给孩子们创造更加丰富的世界。假日里，母亲弹钢琴，父亲拉小提琴，这样的生活是那么令人陶醉。父母对音乐的热爱和对艺术的追求，让肖邦从小就生活在良好的学习氛围中。每次父亲上班后，孩子们都会在母亲贾斯蒂娜悉心的指导下学习语文、算术、绘画和音乐。在这样规律而充实的日子里，肖邦学会了母亲的文静和诗意，学会了父亲的敏锐和聪慧。家庭环境的熏陶使得他从小就与众不同，举止儒雅、成熟，浑身散发着高贵的气质。

慈爱的姐妹

庄园里有三间房子。第一间房子里有发光的天花板和白色的墙，窗户上挂着雪白的薄纱窗帘，天竺葵在宽大的窗台上生机勃勃，开着沁人心脾的花。第二间房子里摆放着庄重的红木家具和很多书架，可以看出这家主人的文化修养非常深厚。天冷的时候，白柱式火炉里面的木头噼啪作响，如果是松木则会发出带有芳香的热气。最大的一间房子里放着最为珍贵的钢琴。

在这些充满快乐的房子中，你会见到相亲相爱的兄弟姐妹，他们是路德维卡、弗里德里克、伊莎贝拉和艾米莉亚。路德维卡是米柯瓦伊和贾斯蒂娜的大女儿，她经常会写一些儿童读物，同时她也是一位钢琴家。生活上她是一个典型的华沙女人，她很聪明，但却有些唠叨。作为肖邦的姐姐，路德维卡可以说是他的保护神，是她指导了肖邦人生中最初的钢琴弹奏，她和肖邦一样都有极高的音乐天赋。在肖邦的成长过程中，她常常参与他的艺术创作和计划，肖邦有什么小秘密都乐于和她分享，因为她总能洞察他的心思。肖邦长大以后，每次在最需要她的时候，她总能第一时间赶到他的身边，她似乎能听到弟弟心灵的呼唤，或许这就是姐弟之间的心有灵犀。她用慈爱分担弟弟与死亡搏斗的痛苦，用睿智给弟弟以精神的慰藉。路德维卡身上总是闪烁着弟弟的光芒，弟弟出色的音乐才华与宽阔的心胸都映射在了姐姐的身上，他们在精神上、情感上都能达到共鸣。

伊莎贝拉是肖邦的第一个妹妹，幸运的她在多才多艺的姐姐和哥哥的呵护下茁壮成长。在肖邦的家庭里，每个人都有受到良好教育的机会。伊莎贝拉有自己的人格闪光点，她一直是一位善良、勤劳、慷慨、无私的姑娘。从小她就分担了家里的大部分家务，成年后，不仅要照顾自己的孩子和父母，还要照顾丈夫的兄弟姐妹。更值得钦佩的是，她和哥哥、姐姐一样热爱自己的祖国。她与姐姐路德维卡在波兰受到外敌入侵之际，还一起加入了"波兰妇女爱国联盟"。她帮助穷人，照顾孤儿，投身华沙慈善协会，还成了避难所保护协会的委员。

肖邦的第二个妹妹艾米莉亚比肖邦小两岁。艾米莉亚自幼在艺术和文学方面都很有天赋，她从小就喜爱诗歌和绘画，曾创作过很多首诗歌。10岁时，她对儿童读物特别感兴趣，与肖邦共同组建了叫作"文艺与娱乐社"的社团组织，艾米莉亚担任主席，肖邦担任秘书。社团成员都是寄宿学校的学生，他们扮演不同的角色，阅读历史故事，表演情景剧。艾米莉亚晚年更是协助姐姐路德维卡翻译并改编德国儿童作家克里斯蒂安·茨曼的作品，为波兰儿童文学的发展贡献了力量。在艾米莉亚小的时候，她的身体状况就令人担忧，而如今，她的病情越来越严重。一种类似于肺结核的病让她变得越来越虚弱，幸而她那白净的皮肤和灵动的双眼让她看上去光彩照人。在生命的最后几个月里，还是一个少女的她坦然面对病情，认真地过好剩余的每一天，热爱每一个人。

肖邦5岁生日那天，晚饭后，落日的余晖透过薄纱窗帘映在妈妈慈爱的脸庞上，她一边读书一边陪孩子们聊天。"弗里德里克，在吹灭生日蜡烛时你许了什么愿望？""路德维卡，我不能告诉你，否则你一定会嘲笑我的。""我亲爱的弟弟，我保证不嘲笑你。要不这样吧，咱们来做个交换怎么样？我告诉你一个秘密，你告诉我你的愿望。"他皱着眉头，想了一会儿，愉快地点点头。"弗里德里克，我的好朋友安妮跟我说他们都觉得我的弟弟像个女孩，因为你太文静了。我说你在家的时候是很活泼的，可是他们不信。所以下一次你和我们一起出游时，一定不要那么文静了。""路德维卡，这算什么秘密啊！"弗里德里克噘起了小嘴。"轮到你了，快告诉我吧。""好吧，那你可不要笑话我。我的愿望就是爸爸、妈妈、姐姐、妹妹永远陪着我，我们可以每天去维斯杜拉河边散步，看我最喜欢的水鸟在河上飞翔。"这时，姐姐在弟弟额头上亲了亲说："你是我最亲爱的弟弟，我永远爱你。"说完转头对着妈妈："妈妈，明天是周末，我们可以去河边散步吗？"母亲放下手中的书说："那要看明天是不是好天气，还要看你们功课完成得怎么样。你们看今晚的月亮多皎洁啊，我想明天一定是个好天气。""好耶，太棒了！""我们一定会认真学习的。"孩子们都兴奋了起来，一起畅想着明天在河边发生的趣事。

在这个欢乐的家庭里，孩子们尽情享受父母给他们创造的积极、温馨的家庭氛围。家里总是充满孩子们的欢声笑语，孩子们也都受父母文化和艺术的熏陶，对作诗、朗诵、唱歌、猜谜、编故事等有非常广泛的兴趣。姐姐路德维卡和弟弟弗里德里克经常在一起，他们会在家人生日的时候给大家作诗、画画或者制作卡片，生活平静且美好。

肖邦14岁的一天，孩子们聚到一起，在肖邦的房间里悄悄地开会。"伊莎贝拉，你负责观察，看看爸爸妈妈在干什么。"在这个家里，因为伊莎贝拉最喜欢哥哥，特别是以哥哥的音乐天赋为荣，所以对他言听计从。她悄悄地踮起脚尖走出去，并轻轻地关上房门，扒在转角处的墙边，探出头望着在厨房忙碌的妈妈，又蹑手蹑脚地走到起居室，发现爸爸还没有回来，她又轻轻地跑回房间关上门，喘着气说："安全。"这时，肖邦说："过几天就是爸爸的生日，我们准备什么生日礼物好呢？"古灵精怪的艾米莉亚马上说道："我早就想好了。这几年，父亲为了我们可以过上幸福的生活，每天早出晚归，特别辛苦，你们没发现吗？他头发都白了，脸上的皱纹就像干涸的土地。我们应该让父亲好好开心一下。""这个主意不错，这比我们送什么礼物都好，我们一定要给父亲过一个难忘的生日。可是怎么才能让父亲开心呢？"伊莎贝拉回应着。路德维卡思索了一下说道："我最近在写一本儿童读物。你们不是经常在家里照着我的剧本演戏吗？那我们就把这个故事改编成一个喜剧吧。""路德维卡，你真聪明，我可以试着改编吗？你和伊莎贝拉都会写儿童剧，这次让我也试试好吗？"艾米莉亚连忙说道。"可以是可以，让弗里德里克和你一起完成怎么样？他那么有才华，你们一定会完成得很出色。"肖邦和艾米莉亚都高兴地点点头。第二天晚上，他们又约在一起讨论剧本，孩子们使出浑身解数，把这个剧本编得充满童趣。之后的几周里，他们不断地排练，不断地修改，同时还亲手制作了很多舞台道具。在父亲53岁寿宴结束后，他们立即换好服装，妹妹艾米莉亚扮成了一个美丽的天使，小肖邦则一手拄拐杖，一手抚摸下巴上戴的白胡子，滑稽地出场了，他们表演的剧目是《奥米卡》。父亲看着孩子们的表演先是惊讶，后是开心，然后是爆笑，母亲也掩饰不住脸上的喜悦连连称赞，全家度过了一段美妙而欢乐的时光。此后，父亲只要一想到孩子们为自己表演祝寿，就会不自觉地露出笑容。不过遗憾的是，艾米莉亚没过几年就去世了，或许她真的变成了一个美丽的天使在天上看着他们。而肖邦在离开华沙以后也再没有见过伊莎贝拉，但他经常收到伊莎贝拉的来信。她告诉肖邦自己会经常练习哥哥创作的作品，不是为了炫耀自己有这样的哥哥，也不是为了任何别的什么人听到，只是因为他是她的哥哥，她爱他，爱他的一切。不管怎样，肖邦和他的姐妹们始终相亲相爱，正是这种家庭的温暖给了肖邦热爱生活、热爱艺术的支撑。他也同样热爱和敬重自己的姐妹，甚至在生命走向尽头时，都是他的姐姐路德维卡陪伴左右。

家族与华沙

肖邦的父亲米柯瓦伊为了家庭和事业，在肖邦几个月大的时候，带着全家从小村庄热拉佐瓦·沃拉搬到了波兰的首都华沙——这个让肖邦一生深爱的地方，他的整个童年都在这里度过。晴朗的夏日，父亲和母亲会带着孩子们坐摆渡船到维斯杜拉河的彼岸，那里有一望无垠的田野与茂密的树林。他们会在弥漫青草与泥土芬芳的河岸边野餐，会在阳光下自由自在地舞蹈，会在轻柔的微风下歌唱，会安静地聆听咕咕鸟鸣，会遥望天空朵朵白云。它们不仅让肖邦沉醉其中，还为肖邦的音乐创作提供了丰富的灵感，他一生最美好、最幸福的回忆都发生在这里。他在华沙的惬意时光都汇聚在了作品中，诠释着翩翩少年的温柔多情和天真烂漫，流淌着恣意的浪漫与热情，洋溢着青春的气息与活力。

华沙的浪漫源自波兰的斯拉夫民族。波兰有着深厚的民族文化底蕴，并能在遭受几近灭国的巨大磨难后浴火重生。勤劳、勇敢、不服输的波兰人民能在战争的废墟上重建家园，华沙老城就是这样被完全复原的，不得不说这是一个神话。波兰位于欧洲的中部，西边有强大的德国，东边有虎视眈眈的沙皇俄国，南边有奥匈帝国，北边有隔海相望的瑞典。肖邦的父母结婚那年，波兰的战火就已经蔓延开来。那一年的冬天，被普鲁士占领的华沙又被法国人占领，第二年国名被"华沙大公国"取代。1809 年的早春，华沙被突然闯进的奥地利人占据，仅仅几个星期，他们又被拿破仑的队伍赶跑。华沙就这样一次次将屈辱写进史册。不仅如此，此时的华沙大公国还要为拿破仑提供大量的资金和人力，好在它还有充分的自治权，文化事业没有受到太大影响。

1830 年的一天傍晚，天空阴郁，繁星隐匿，20 岁的肖邦即将去维也纳开启国际舞台的职业钢琴家之旅。临行前，家人和朋友们为他举行了饯别会。此刻大家的脸上都淌着热泪说道："弗里德里克，你就要离开华沙，离开波兰了，我希望你不要忘记我们，不要忘记祖国。""我不会忘记你们所有人，更不会忘记华沙。"肖邦紧紧握住朋友的手深情地说道。"这是送你的礼物，请你收下它。"肖邦接过来，这是一个银杯，里面盛满了泥土，他有些不解。"这是咱们华沙的泥土，今后无论你在哪里，只要你想家了，就把它拿出来看一看，闻一闻。"肖邦连忙把银杯放在大衣里，紧贴在自己的胸口。他说："我永远都不会忘记祖国波兰，我还会回来的。"大家抱在一起，擦干眼泪，破涕为笑。可是就在此后的一天夜里，波兰的贵族青年军官和学生就发动了反抗沙皇俄国的起义。这次起义经历了几次跌宕起伏，还是以失败告终。肖邦两次试图回国都没有成功，此后他的一生都没有再回到魂牵梦萦的故乡。虽然他一直在外求学，但是他的心始终和祖国的脉搏共同跳动。他只能用音乐抒发自己的思乡之情，钢琴曲里流露着痛苦、悲愤和哀怆，似乎在诉说他对祖国的思念，对侵略者的仇恨。他用钢琴曲庄严地向全世界宣告："波兰不会亡！"肖邦严词拒绝了沙皇俄国授予他的"皇帝陛下首席钢琴家"称号。甚至在肖邦的生命即将走向尽头的时候，他还立下遗嘱，请求路德维卡把他的心脏带回华沙，让自己的心脏永远为华沙祈祷，与故土同眠。

肖邦是热爱华沙的，而华沙同样热爱肖邦。肖邦的心脏被送回波兰，安放在华沙圣十字大教堂中，安放的还有肖邦对故国深深的眷恋。华沙的市民经常手捧鲜花来瞻仰和纪念这位华沙的英雄，鲜花堆满了整个教堂，悲伤萦绕，久久不散。如今，你走在华沙的街上，你会感受到这里到处都有肖邦的印迹：肖邦机场、肖邦公园、肖邦大街、肖邦音乐大学、肖邦纪念碑、肖邦纪念

*

华沙肖邦故居纪念馆

馆、肖邦雕像、肖邦钢琴比赛……肖邦已然与华沙融为一体。今日的华沙已经没有了战火的硝烟，到处弥漫的是和谐而宁静的味道。蓝蓝的天空、白白的云朵、整片的绿草地、盛开的蒲公英、广场上咕咕鸣叫的和平鸽等都会使你忘记这个曾经遭受苦难的国家。现在的华沙被人们誉为"绿色之都"。到华沙来旅游的游客除了能感受到惬意和浪漫，还可以在夏季避开酷暑，在秋季避开雾霾，在冬季避开严寒，但是唯独避不开的就是到处可见的肖邦这个名字以及他的作品。每个周末，华沙瓦津基公园中本地的音乐爱好者和慕名而来的外国游客汇聚在肖邦的雕像前，聆听世界各地著名钢琴家演奏肖邦的作品，他们就像音乐的朝圣者，虔诚而沉醉。能在肖邦的雕像前演奏是那些钢琴家最大的荣幸。

2010 年，波兰政府为了纪念肖邦 200 周年诞辰，在安放肖邦心脏的圣十字大教堂附近特别制作了音乐长椅，只要游客按下长椅的播放键，肖邦的钢琴曲就会响起。圣十字大教堂不远处就是世界著名学府肖邦音乐大学，1826—1829 年间，肖邦曾在此就读。1997 年，为了纪念肖邦，这所学校将华沙音乐学院更名为肖邦音乐大学，如今，它已经是无数音乐学子梦想的殿堂。而以肖邦命名的钢琴比赛在国际上有极高的声望，中国钢琴家傅聪、陈萨等，都曾经从这个舞台走向世界。

第二章 1820—1827

音乐之旅

开启音乐之旅

　　秋日的午后，阳光洒满整间屋子。母亲一边照顾着襁褓中的小肖邦，一边对他的姐姐进行启蒙教育，她教授姐姐美术、法语，当然最主要的是钢琴。母亲有一套非常先进的教育方法，首先是对孩子们进行胎教。虽然那个时候还没有胎教的概念，但是母亲贾斯蒂娜能感觉到她和孩子们有着某种联系，她的行为和语言会使肚子里的胎儿有所感知，所以她给肚子里的胎儿唱歌，给胎儿讲她每天的所见所感。"哦，我亲爱的小宝贝，快看那只可爱的小麻雀，落在庭院的树上，你看它像不像准备要开一场音乐会？"母亲一边抚摸着肚子，一边和孩子们轻声交谈。只要母亲吃过饭，舒服地躺在摇椅中，一边轻轻哼唱民歌，一边轻轻拍打肚子，小家伙就会在母亲肚子里用韵律的胎动予以回应。母亲对孩子的教育和培养从胎教开始一直陪伴孩子成长的每一天。肖邦出生以后，母亲抱着他，带着他的姐姐路德维卡在花园里玩。她会把每朵花的颜色都指给他们看，然后抱着他，拉着姐姐坐在草地上。"你们看这朵漂亮的花，咱们来数一数它有几片花瓣吧，一、二、三、四、五、六、七，哦，是七片呢。"之后，她便把数字写在地上，"快看，这就是七。"母亲又把数字代表的音符教给他们，"你们看，Do、Re、Mi、Fa、Sol、La、Si。"就这样，小肖邦渐渐学会了说话，学会了走路，也学会了感知世界和音乐。

爱照亮着这个和睦家庭中的每个角落。贾斯蒂娜和米柯瓦伊是因为音乐才互相吸引，是因为共同的爱好才慢慢相爱，一起走进婚姻殿堂。和睦的家庭加上音乐相伴，让孩子们从小对音乐产生浓厚的兴趣。

小肖邦就展现出了对钢琴浓厚的兴趣。没人弹钢琴的时候，他会轻轻地抚摸洁白的琴键，仔细聆听琴弦发出的声音。每一次他都小心翼翼，就像触碰一个易碎的玻璃制品，因为他一直记得妈妈的嘱咐："亲爱的儿子，咱们家就这一件值钱的东西了，如果它坏了，咱们就再也不能弹钢琴了。"每天下午，母亲教姐姐弹钢琴，小肖邦就会坐在地板上，一边玩玩具，一边听着动人的琴声，当他听到不熟悉的音符时，就会立刻跑到钢琴前看个究竟。慢慢地，他习惯了专心听琴声，并用稚嫩的小手在膝盖上弹奏。他对音乐的热爱在那个时候就展现了出来，甚至能几个小时一动不动地坐在那陶醉地听着，小手不知疲倦地弹着。有一天，母亲贾斯蒂娜在露台上教大女儿弹奏一首舞曲，贾斯蒂娜先示范了一遍，然后手把手教女儿。她认真地模仿母亲的指法，并体会这首舞曲的节奏。突然，姐姐路德维卡听见一声异响，回头看了一眼弟弟，惊讶地问母亲："妈妈，你快看弟弟，他怎么哭了？"贾斯蒂娜也回过头来看到小肖邦安静地站在那泪流满面。"我亲爱的宝贝，告诉妈妈是谁惹你伤心了？"贾斯蒂娜单膝跪地为儿子拭去眼泪，温柔地看着挂满泪痕的小脸。"妈妈，没有谁惹我伤心，只是因为听见你们弹的这首乐曲太让我感动了，它真的太动听了，似乎有一种力量在我心里，我就忍不住流泪了。"小肖邦和母亲解释着。听完小肖邦的解释，贾斯蒂娜放下心来，亲了亲他可爱的小脸蛋，把他揽入怀中，又给他讲了一些音乐中的音符，小肖邦听得津津有味。

还有一次，母亲贾斯蒂娜教姐姐弹钢琴，两人弹得非常尽兴，结果因为太投入把照顾小肖邦抛诸脑后。爸爸中午回家吃饭，看见只有母女俩在房间里弹钢琴，就问道："弗里德里克跑哪里去了？"他这一问，顿时吓坏了贾斯蒂娜和路德维卡。贾斯蒂娜想起来她们已经练了好几个小时的琴了，也就是说，好几个小时没看见肖邦了。想到这里，贾斯蒂娜开始慌张起来，她连忙向家门口的小河边跑去，一边跑一边哭着说："请保佑我的儿子吧！"贾斯蒂娜刚跑出去没多远，就听见小肖邦的声音："妈妈你回来吧，我在这里呢。"只见小肖邦从钢琴下露出可爱的脸，米柯瓦伊长舒一口气说道："你怎么在这里啊，弗里德里克？"他一边说一边把小肖邦抱出来，然后一起把贾斯蒂娜叫了回来，一家人转忧为喜。贾斯蒂娜赶紧跑回来，使劲亲了亲肖邦的小脸蛋。"你怎么钻到钢琴下面去了？"原来，小肖邦在钢琴下面听母亲和姐姐弹钢琴入了迷，他自己都不知道听了多久。

肖邦小的时候像女孩一样敏感、温和。他不像其他男孩一样喜欢剧烈的体育运动，而是喜欢和姐姐在一起，学习画画、写字、法语、表演。他喜欢安安静静地画画和写字，虽然他会在胸前系上一条围裙，防止墨水溅到衣服，可还是会把墨水沾到脸上。姐姐每次发现满脸墨水的小肖邦都会被他逗得哈哈大笑，可是小肖邦索性用脸上的墨水给自己画上胡须，这个时候姐姐就会抱着弟弟让妈妈看，三人笑作一团。

在小肖邦 6 岁时的一天，妈妈在做家务，姐姐在写作业。突然，小肖邦玩腻了手中的玩具，自己打开琴盖弹奏了起来。他弹奏的音阶，让姐姐大吃一惊，因为没有人教过他，他怎么会无师自通呢？肖邦的父母由此发现了他身上的音乐天赋，便开始为他寻觅老师。他们请来了一位脾气有些古怪，却把毕生都献给音乐的沃伊切赫·茨威尼先生。这位钢琴家是上流社会家庭中的常客，虽然他的头发总是乱蓬蓬，脸颊憔悴而消瘦，经常穿着已经破损的黄风衣、黄背心和黄裤子，身上总是留有烟草的污渍，嘴里也总是呼着烟草味的气息，但是这位 60 岁的钢琴教师却和 6 岁的学生相处甚欢。就这样，肖邦开启了他一生的钢琴神话。在老师的指导下，肖邦的进步是飞速的。凭借自身极好的肌肉控制能力和协调能力，肖邦掌握了基本的弹奏技术。不仅如此，老师发现他除了手指灵活以外，反应也特别敏锐，就算很难的作品，肖邦也能读懂。于是他们一起练习贝多芬、莫扎特、海顿、巴赫、胡梅尔等大师的作品。

一天晚上，母亲贾斯蒂娜洗完餐具，来到小肖邦的卧室，看看熟睡的他，给他盖好被子，却发现这孩子手指间夹着木楔，便悄悄地帮他取下来。她走回自己的卧室，对正在看报纸的米柯瓦伊说道："米柯瓦伊，你得说说弗里德里克，他这样整天夹着木楔睡觉可不行。"米柯瓦伊附和着说道："是呀，我明天找他谈一谈，他这样急于驾驭难度大的作品，想扩张指距的做法太愚蠢了。这样下去只能让手指变形，除此以外毫无帮助。"贾斯蒂娜严肃地说道："说到这里，咱们家是不是应该再添一架好的钢琴，弗里德里克这么有天赋，又这么用功，咱们不能耽误孩子的前程。""你说得对，这件事情是咱们家目前最重要的事情。"没过几天，家里就出现了一架华沙著名钢琴厂生产的三角钢琴。其实，米柯瓦伊夫妇也是经过激烈的思想斗争才决定的，毕竟那时的音乐家得不到像今天音乐家这样的社会地位和收入，也许是受战争的影响，他们更希望肖邦能成为一名将军或者上校，谁也不希望自己的孩子过着清贫的日子。可是肖邦这颗冉冉升起的新星正在闪烁着绚丽的光芒，最终父母还是尊重儿子对音乐的追求，并给予了全力支持。

茨威尼先生也在努力培养这位未来的钢琴大师。他看出了小肖邦的与众不同，并且从来不限制他的自由发挥，只要他即兴演奏，就会在旁边认真地记录下他所弹奏的曲调，米柯瓦伊也会帮忙抄谱。这样的日子过了没几天，小肖邦居然自己就能把即兴创作的曲子记下来，并且记录得特别清晰。在小肖邦 7 岁那年的一天，茨威尼先生走进肖邦家的客厅说："上午好，米柯瓦伊·肖邦先生，请您看看这个。"他从那件满是烟草污垢的黄色风衣里掏出了一份铅印的乐谱。"这是什么？"米柯瓦伊疑惑地问道。他接过来仔细一看，发现是一首波兰舞曲《G小调波洛奈兹》，上面用法语清晰地写着献给沙贝克家的一位伯爵小姐。他说："这不是弗里德里克最近创作的曲子吗？""对呀，我有一位朋友看到它后，对它赞不绝口，还把它拿去印刷了。现在整个华沙都在讨论这件事情，人们都说一个不到8岁的波兰男孩能创作这么复杂的钢琴作品，真是名副其实的音乐天才。"茨威尼先生接着说道，"这真给波兰人争气呀，波兰也有天才出世。"茨威尼先生紧紧地握着米柯瓦伊的手，他们眼中都闪烁着异样的泪光。没过多久，小肖邦彻底出了名。华沙上流社会的会客厅里总是留有小肖邦的身影，他被达官贵人们争先恐后地邀请到家里参加聚会，并在聚会上演奏。小肖邦总是那么彬彬有礼，他先礼貌性地问候在座的大人们，然后气定神闲地坐在凳子上弹奏起来。小肖邦受到了广泛的关注，华沙的人们都夸他是"波兰莫扎特"。

　　就这样，肖邦开启了人生的音乐之旅。从此以后他都与音乐相伴，音乐在他的生命中激荡着、回响着，他代表了一个时代、一种精神、一段历史。

第一次公演

肖邦在学习钢琴的时候，特别喜欢即兴演奏，也非常喜欢创作新曲来自我娱乐，他的老师也非常尊重他的独特个性和创造性。有一次，他应邀去给康斯坦丁大公爵演奏，肖邦即兴演奏了一首进行曲，这首曲子令大公爵非常满意，并命人谱写成用于阅兵的军乐曲。他的名气越来越大，在他8岁的时候，就开始受聘进行公开演出。《华沙报》还登出了这次慈善音乐会的报道。

音乐会这天晚上，初春的寒冷并没有减退民众对音乐的热情，华沙克拉科夫郊区的拉德齐维尔宫里来了许多有名望的人士，音乐会在大家的期待中开始了。虽然每位表演者的表现都很好，但还是被一些评论家评头论足，甚至有一些挑剔的观众用某些眼神和手势表现出不满。音乐会的最后，轮到小肖邦上场了，只见他被一位太太牵着手上场，身穿深色金丝绒上衣、整洁的短裤和齐膝高的白色长袜，很多观众对这位小神童产生了极大的好奇心，大家都肃静下来侧耳倾听。小肖邦轻轻地把小手放在琴键上，对着观众施以礼貌的微笑，然后就完全投入到演奏中去了。他弹奏的曲目是茨威尼先生认真研究后选定的当时很红的捷克作曲家吉洛维茨创作的钢琴协奏曲。那些评论家和挑剔的观众全都默不作声，再没有露出不耐烦的神色，他们都吃惊于这个小男孩有双魔力的小手，似乎把作曲家的灵魂呈现在众人面前，诉说着作曲家深藏心底的故事。他精湛的演奏获得了满堂喝彩，并成为整场演出的高潮。雷鸣般的掌声在他弹完最后一个音符开始响起，人们都觉得不可思议，这么个小人儿居然能完美诠释出对乐曲深邃的理解。坐在观众席上的米柯瓦伊被热情的人们包围，都非常羡慕他有一个天才儿子，米柯瓦伊只能不停地向周围拥来的人群鞠躬致谢。

在回家的路上，肖邦一家坐在马车上，母亲拉着肖邦的手说："宝贝，今晚你的演奏很出色，我们都为你感到骄傲。""妈妈，我觉得大家是喜欢我宽大的深色衣领吧，因为我也非常喜欢。"母亲充满慈爱地亲了亲他的额头。他的脸色有些苍白，本就体弱多病的他，这段时间的刻苦练习和今晚倾情投入的演奏使他累坏了。"睡吧，我亲爱的宝贝。"在母亲的爱抚下，肖邦没一会儿就睡着了。

日子变得越来越好，肖邦一家随着学校搬到了新居里，它位于克拉科夫郊区的卡西米尔宫。这里刚刚修葺一新。一起搬进来的有肖邦父亲学校的校长、同事，同时还搬进来很多作家和学者。这里的文化气息非常浓厚，人们热情好客、温文尔雅，生活中充满了欢声笑语。新居里最显眼的还是那架三角钢琴，它的旁边放着雕花软椅和光滑干净的桌子，桌子上每天都有绽放的花朵。肖邦最喜欢的日子就是周四和周日，因为一到这两天，家里就会来好多客人，他们都是父亲米柯瓦伊的朋友。晚饭后，母亲贾斯蒂娜会在父亲米柯瓦伊的伴奏下歌唱，有时他们会临时组建一个小乐队进行四重奏演出。他们尽情欢笑，尽情弹唱，美好的夜晚多么令人难忘。肖邦就在与这群艺术家、诗人、作家的接触中慢慢长大，他依旧活泼可爱，一点儿也没有沾染大人们沉闷的忧郁气质。肖邦的家里越来越热闹，本来就有四个孩子的家里还来了很多寄宿的学生，父亲米柯瓦伊无法同时管理七八个学生和四个孩子，就请来了一位住家老师来监督学生们做功课，母亲贾斯蒂娜也无法照顾这么多人，也请来了一位管家来处理家务。这样一来，家里的开支增加了不少，父亲米柯瓦伊只得又做一份兼职——在军事学校授课。虽然现在家里的物质条件得到了改善，可是他们依然延续着勤劳、节俭的家庭传统。

　　小肖邦和他的伙伴们常常来到卡西米尔宫的后花园玩耍，这里简直就是孩子们的天堂。他们可以在完成一天的功课后，在草丛里看蚂蚁搬家，可以在静谧的墙角放逐捉到的小昆虫，可以毫无顾忌地玩捉迷藏，可以比比谁学的鸟叫能吸引鸟儿飞来……到了晚饭时间，各家的母亲都会焦急地呼唤孩子们的姓名，可他们依旧忘我地玩耍，直到一位失去耐心的母亲前来揪起她孩子的耳朵时，大家才会四散开来奔回家中。晚饭不会让孩子们感到沮丧，让他们沮丧的是肖邦突然被公爵豪华的马车接走去演出，游戏失去他的参与，似乎也变得索然无味了。由于小肖邦声名鹊起，他失去了和伙伴们玩耍的时间，取而代之的是被安排给康斯坦丁大公爵和他的新婚夫人演奏。

　　这位康斯坦丁大公爵性情多变，动不动就会大发雷霆，但他却非常喜欢这位天才小钢琴家。每当没有任何办法使他暴躁的情绪安静下来的时候，只有这个孩子温柔的琴声才能让他的愤怒变得平静。有一次，小肖邦打算即兴创作，正在构思新曲的时候，他望着高高的天花板——这是他的习惯动作，大公爵突然呵斥道："你到底在找什么？天花板上有音符吗？"这种粗暴的打扰没有吓到沉浸在优美旋律中的肖邦，他反而表情严肃，继续弹奏起来，公爵又恢复难得的平静。这位暴躁、粗鲁的大公爵对小肖邦给予了少有的宽容。作为奖励，他允许小肖邦和自己的孩子一同在花园里玩耍。肖邦用音乐的魅力抚平了大公爵的情绪，用浪漫、自由的旋律打破了大公爵禁锢的枷锁。

同年秋天，在米柯瓦伊的班级里，突然出现了一名特殊的学生——弗里德里克·弗朗索瓦·肖邦。他一直是在家里接受教育的，这次他出现在这里是因为要迎接一位特别尊贵的客人——沙皇俄国皇后玛丽亚·费奥多罗夫娜，她是康斯坦丁大公爵（波兰军队总司令）和亚历山大一世（波兰国王）的母亲。皇后访问了华沙重要的文化中心，包括华沙公立学校。皇后的马车驶进了学校的大门，在压抑和紧张的氛围中，皇后进入了教室，小肖邦用法语为她吟唱了一首诗歌，并呈上事先准备好的两首波洛奈兹舞曲。皇后非常满意这位"学生"的表演，当即就送给他一份精美的礼物。

没过多久，《华沙报》和《国外记事报》用外交式的语言报道了这两首舞曲中呈现出来的波兰民族特点。这使得波兰人民更加自豪，而小肖邦还不太懂得其中的内涵，但他着实充当了一次可爱的波兰爱国小使者。在赞美声中，8岁的小肖邦意识到了自己的音乐才能，他的脸上既没有流露出骄矜之色，也没有显示出卑微之情，表现出的却是与同龄人不一样的坦然与成熟。

肖邦的父母和老师茨威尼先生非常重视肖邦音乐知识的拓展。只要有机会，就带着肖邦去音乐会，聆听更多的音乐作品，并把他介绍给来访的音乐家们，希望他能接触到音乐界的精英。肖邦9岁的时候，意大利女高音安琪丽卡·卡塔拉尼来华沙举办了四场独唱音乐会，大人们带着肖邦去听了她的演唱，并在一位贵族家里为她弹奏了一首钢琴曲。当时的卡塔拉尼非常有声望，大人们都希望肖邦能受到她的褒奖，因为他至今还没有受到外国音乐家的赞扬。没想到这位歌唱家送给肖邦一块金表，以表示对他的奖励。金表上用法语清晰地镌刻着"卡塔拉尼夫人赠弗里德里克·肖邦，10岁，1820年1月3日。"严格来讲，这个时候的肖邦还未满10岁。

新的音乐旅程

"茨威尼先生，我新创作了一首《降A大调波洛奈兹》，这是送给您的。"11岁的肖邦眼睛里充满了敬重与感激，向自己的老师茨威尼先生恭敬地献上抄写好的乐谱，封面上还用法语工整地写着"一份乐谱"，封面上的法语献词是《降 A 大调波洛奈兹》为钢琴而作，谨献给沃伊切赫·茨威尼先生。弗里德里克·肖邦，1821 年 4 月 23 日。"

老师激动地给了肖邦一个大大的拥抱，并说："你的能力早就超过我了，今后我可能帮不上你了。""不，老师，我还需要您。""现在的钢琴课，都是我看着你练习而已，我没办法再给你任何指导，你的钢琴技巧已经达到了相当高的水平，我不怕你骄傲，你的水平可以用精湛这个词来形容。"茨威尼先生很坦率，拍着肖邦略低下的头继续说，"我推荐你向华沙国立音乐学院的院长学习，他是一位伟大的作曲家，你跟着他学习，对你有很大帮助。"就这样，肖邦的钢琴课结束了。但是茨威尼先生已然成为肖邦家的一员，他没有作为小天才肖邦的老师自居，而是无私让位，始终用疼爱与自豪的态度关注着他的每一点成长和进步。

约瑟夫·埃尔斯纳比茨威尼更有天赋。他成名于西里西亚，后来到华沙，并在这里安顿下来，成为华沙最杰出的音乐家。他是一位作曲家、指挥家，同时担任华沙国立音乐学院的院长，并在波兰民族音乐的发展中起了重要作用。他根据波兰语的音乐剧本改编了三十多部歌剧，撰写了许多不同风格的音乐作品。

埃尔斯纳虽然学识渊博，但并不是最好的钢琴演奏家。肖邦从 12 岁开始，除了师从茨威尼和埃尔斯纳之外，再没有得到过任何正式的指点，可以看出他的钢琴造诣是多么惊人，几乎是自学成才，这主要归功于他没有对传统钢琴曲盲目崇拜，并且在发挥自己独特个性和创造性时没有受限制。他的父亲曾经教导他说："你在演奏时，是心在忙，而不是手指在忙。"1823 年 2 月，肖邦被邀请参加一场音乐会。这次音乐会的东道主就是五年前让肖邦第一次参加慈善演出的机构。但是这一次，他没有穿金丝绒大衣，而是穿着一身华丽的长袍，看起来比实际年纪要成熟得多。《妇女信使报》对这位年轻钢琴家的演奏技艺进行了分析，满怀爱国之情地写道："今天，《莱比锡音乐报》报道维也纳有一位名叫李斯特的青年音乐家，他弹奏了一首由胡梅尔创作的钢琴协奏曲，弹奏精准，手指有力，音质扎实，令人陶醉。我们不需要嫉妒维也纳有李斯特，因为我们可以骄傲地夸赞我们国家的一个人，他的才华不比他差，甚至比他更好。这个受到人们高度赞扬的年轻人，我们没有理由隐瞒他的姓名，他就是钢琴大师肖邦，至今还未满 15 岁。"

《妇女信使报》的音乐评论家们如果知道肖邦其实只有 13 岁，他们一定会更加惊讶和赞叹。接下来的数月，肖邦在父亲的带领下，开始为华沙公立中学的入学考试作大量的准备。秋季来临，他如愿地穿上了长长的校服，戴上了期待已久的制服帽。13 岁的他一开学就上了四年级，只差三年就可以参加毕业考试了。只要通过考试，他就能在华沙国立音乐学院就读。华沙国立音乐学院是在大公国时代一次文艺复兴运动中建立起来的，并很快成为波兰的一流大学。该校的学生均来自上流社会家庭，教师中不乏大学教授及著名学者。波兰语教师是一位文学教授，他创作了很多文学作品；数学教师和古典文学教师都出版过与其专业相关的著作；其他教师，如化学教师、希腊语教师、美术教师等，不是综合类大学的教师，就是某个领域的权威人物。不过，院长的名气比他们更大，他不仅在音乐领域有极强的权威，在文学方面也有一定的建树。他编纂的词典已经成为波兰语学习的必备工具书，并且同学们纷纷表示，他的文学课在全国也是独一无二的。

　　肖邦喜欢学习，每晚他都和家里的寄宿生一起做作业，他们互相讨论、学习，十分热闹。他最喜欢文学与历史，不太喜欢希腊语和拉丁语，对于自然科学和数学更是厌烦。不过他很聪明，也很勤奋，在第一年，由于勤奋好学而被授予"书籍奖"。然而对于基础静力学，无论它有多么前沿，都无法让他感兴趣。在第二学期末，他只得到了"鼓励奖"。而在第四学期结束后，他却只得到一个"表扬"。学业方面的挫折让他的自尊心受到了伤害。他对他的一位同学说，那些得奖的人都是些书呆子。这位天才少年也有孩子气的一面，他一边上课一边画老师和同学的漫画，他的铅笔画和粉笔画画得既滑稽又生动，这也展现了他的大脑与双手高度的协调能力。有一次，他在一堂文学课上被院长逮个正着，院长没收了一幅他刚刚完成的素描，那是一幅不甚尊敬的肖像。后来，院长经过深思熟虑，还是决定原谅这个淘气的男孩。次日清晨，院长一句责备都没有，就将素描还给了肖邦，并在这幅画的后面写了几个大字——"画得好"。

肖邦是个活泼的男孩。他喜欢摆脱腰带的束缚，穿着宽松的校服，自由自在地在校园里奔跑。他非常喜欢开玩笑，做各种恶作剧，他总能想到许多新花样来捉弄朋友、寄宿生、姐妹，乃至成年人。他性格开朗，虽然调皮，但十分有幽默感，他与同伴们相处得都很融洽。他是个能言善辩的人，在同学和朋友中有很高的声望。肖邦比同龄人要瘦弱，由于他眼睛明亮、表情丰富，还是给人一种神采奕奕的感觉，但有时就会病得比较厉害。因此，他的母亲贾斯蒂娜对他总是关怀备至，丝毫不敢大意，还经常请医生来检查他的身体，给他做各种各样好吃的，好让他能长胖一些。

夏天到了，米柯瓦伊的学生多米尼克打算放假回家，他热情地邀请肖邦去他那儿做客。米柯瓦伊家的医生也建议米柯瓦伊夫妇把他送到乡下，那儿的空气、小溪和田野对他的病是最好的治疗。

天边最后的一点阳光躲进山里之后，他们才到达了沙发尔尼亚的捷瓦诺夫斯基庄园。肖邦躺在新浆过的被褥上，只要稍微一动，就会发出"沙沙"的响声。在月光的照耀下，神秘的"吱吱"声、沙哑的"咯咯"声、低沉的"沙沙"声交织在一起，与窗外蟋蟀的鸣叫声形成了一种低沉的大自然小夜曲。第二天早晨，当肖邦睡眼惺忪时，多米尼克的两个妹妹已经站在他的床边微笑地看着他。对于肖邦，这里是一个新奇的世界，他的同学以及同学的妹妹们会和他一起在森林里散步，一起望着农民在地里劳作。

肖邦的食欲很好，两三碗浓汤一口气就能喝完，新鲜的黑面包散发着诱人的香气，每次他都会吃掉很多。因此，在给父母写的信中，肖邦很不认同华沙医生的医嘱。他很疑惑为什么只能吃白面包，不能吃黑面包。有时他也很快乐，说道："我的身体非常好，我的生活非常快乐和逍遥。现在，我既不看书，也不写字，每天就是画画、弹琴，还有跑步，这里新鲜的空气让我陶醉。天气晴朗的时候，我们会坐着马车出去兜风。你们知道吗？我还会骑小马呢，它丝毫不受我的约束到处跑，我只能紧紧地趴在它的背上，真害怕哪一天它就把我摔下来了。"肖邦被这里的一切吸引着，他每天都把所见所闻写下来，然后寄回家和家人共同分享趣闻：一只猫故意打翻橱柜里的糖浆，然后再把它舔得一干二净；一只公鸡和一只母鸡打架，却败下阵来；生病的母牛享受最高的待遇——在花园里吃草；一只鹅对着一头猪宣战，结果它真的胜利了。

这里没有都市的喧嚣，有的只是乡间万物的生机勃勃。随风沙沙作响的白桦树，一望无际的庄稼，无忧无虑的鸟儿，一切都显得安逸和祥和，就连天空中的白云，也显得如此悠闲。在美妙的早晨，肖邦喜欢一个人全神贯注地捕捉伴着晨露的乡间歌声，这是一种沙哑且没经过修饰的童声，它应该出自一位牧童的歌喉。这类民歌是通过大声喊叫的方式表现旋律的，它日复一日地回荡在这里，每日伴随着朝霞从地平线上晕染开来。对于肖邦来说，这类歌像极了"黑面包"，它充满了无法形容的"营养"，这是一种全新的生命，就连他的手指也从来没有"触碰"过。

曾经，巴赫、海顿、莫扎特的作品，因其广阔绚烂的境界和优美的旋律，让他沉醉于音乐世界。但是，这些东西都是知名大师的专利，他只是一个狂热的观众，一个思考者，一个转达者。"创造"是一个充满自由精神的词汇，也是人类实现自我价值的最好途径。他渴望新的素材、新的表达、新的旋律，想要摆脱上流社会带给他的那种过分的荣耀。

作为一个13岁的孩子，他拥有独特的音乐视角——扎根在富有民族特色的乡村音乐。收割的时候到了，一把把巨大的镰刀在麦地里闪烁，空气中到处弥漫着成熟小麦的味道以及古老民谣的回响。到了傍晚，肖邦无法入睡，他推开窗户，看到池塘边有篝火，村民们正在庆祝丰收。篝火照亮了舞池里所有人的笑脸，小提琴手喝了几杯，唱歌明显有点跑调，不过他的弓弦还是能跟得上乐声。田野和农舍里始终回荡着热情奔放的歌声，像一个个落在沃土上的种子，扎根在他的耳中。

池畔的篝火渐渐熄灭，东方出现了一抹淡淡的红色。肖邦打了个寒战，终于爬上了床。他的脑海中回荡着这一夜听过的所有声音，好像已经找到了自己的音乐语言。有时候，他觉得自己已经抓到了灵感的领子，却不小心松开了。肖邦很生气，他在房东太太的钢琴上弹了一首新玛祖卡形式的乐曲，却常常不知不觉地掉进城市的流行音乐中。太可恶了！他在键盘上狠狠地敲了几下。有一天，一位少女的歌声从远处传来，他灵机一动，立刻把这首玛祖卡的旋律记了下来。但他无论如何努力，都无法理解这首用当地方言唱的歌词。他在少女歌唱的栅栏边走来走去，努力想听懂她在唱什么，索性，他直接走到少女的身边，问道："请问，您能告诉我您唱的歌词是什么意思吗？"少女害羞起来，说什么也不告诉他。肖邦象征性地给了她几个小钱，她终于不那么害羞了，把歌词的内容告诉了他。终于，他明白了这首歌词的意思：一匹忧郁的狼，脚步轻盈，在大山后翩翩起舞，它为一头母狼的死亡而悲伤。

忧伤而阴郁的情调，充满着惆怅与压抑，与欢快的丰收气氛形成鲜明的对比。这种在乡村接触大自然的生活而产生的感觉，不久在他新创作的《玛祖卡舞曲》中显露出来。丰收节过后，房东夫妇在家里举行了一次音乐会，邻居们也应邀前来。肖邦首先弹奏了一首钢琴协奏曲，接着又即兴弹奏了一首刚学会的犹太歌曲。显然，他已经找到属于自己的音乐语言了。

作品一号

"弗里德里克，你可回来了。你知道我有多想你吗？"一家人全都站在门口欣喜地迎接着从乡下归来的肖邦。小妹艾米莉亚看见风尘仆仆的哥哥下了马车，立即飞奔过去，扑在他的怀里，还没等哥哥回答她，马上又追着说："快讲讲你在乡下好玩的事，我想知道你上次信里提到的那只鸡。""孩子们，我们还是先进屋喝杯热茶，慢慢讲好吗？"母亲贾斯蒂娜微笑着说道。回到家里，肖邦在众人面前绘声绘色地描述他在乡下的所见所闻："我有一匹属于我自己的小马，虽然我不太懂得骑马，但是我可以让它自由地奔跑，我从来没有摔下来过，我还给它起了名字。对了，你们看见过鹅和鸭子打架吗？你们猜谁赢得了胜利？"米柯瓦伊夫妇望着这个才离开一段时间的儿子，忽然发现他比以前壮实多了，也晒黑了很多，一张一合的嘴唇上多了一层绒毛一样的小胡须，浑身散发着成熟的气息。

晚上，肖邦见到了老师埃尔斯纳先生，还给他看了他最大的收获——新创作的一首《玛祖卡舞曲》。"老师，您看看这个可以吗？"埃尔斯纳接过来，认真地看着。此刻，肖邦心里很忐忑，他不知道老师会怎样评价这首作品，但不管怎样，这首《玛祖卡舞曲》已经贴上了自己的标签，它属于自己。"你把它弹出来。"老师说道。肖邦坐在三角钢琴前，行云流水地把这首改编的《玛祖卡舞曲》弹奏了出来。大家都安静地听着，似乎跟随肖邦一起来到了那座庄园，看见了田野上庆祝丰收的人们在尽情歌唱、舞蹈，和谐的旋律也在向人们诉说着古老的故事。这首曲子让人感受到异国情调的同时，还能体味出其中的欢乐与忧愁。肖邦弹了三遍老师才让他停下来，埃尔斯纳思考着并追问道："这是从哪里找到的？"埃尔斯纳走到肖邦身边，轻轻地拍了拍他的肩膀，激动地说道："祝贺你！"肖邦明白了老师这种无言的肯定，更是对他的鼓励和赞许，他坐在琴凳上如释重负。大家给予了他热烈的掌声，这种炙热的感情一直回荡在客厅里。家人的鼓励和老师的赞许使肖邦感受到了一丝欣慰。其实，埃尔斯纳对这首全新的《玛祖卡舞曲》还是有些担心，他不清楚它能够带给这位天才少年什么样的前景。后来，事实证明老师的担心是多余的。肖邦创作的《玛祖卡舞曲》，后期则发展成了一定程式的钢琴曲，一直是波兰人民引以为傲的民族音乐。就连希曼诺夫斯基、柴可夫斯基等音乐大师也都借鉴过肖邦《玛祖卡舞曲》的某些主旋律。

埃尔斯纳指导肖邦的两年里，他让肖邦暂时告别舞台，不进行公开演出，并学习他制定的特殊钢琴课程，肖邦始终潜心研究，致力于拓展钢琴艺术的新途径。与此同时，学校的课程他也没有落下，刻苦努力的他在学业和创作上都付出了辛勤的汗水。

学习之余，他与姐姐路德维卡以及两个妹妹创立了文学戏剧社。诗歌、小品文（甚至是短篇小说）以及各种剧本使家里热闹了起来，他们创作一个剧本就会认真排练一个剧本。孩子们的创作充满想象力，表演充满感染力，生动而活泼，常常引得观看的家人和朋友们哄堂大笑。

转眼间，肖邦已经升入华沙公立中学的六年级。一天傍晚，放学后，他像往常一样和在自己家寄宿的学生一起结伴回家。"你们听说了吗？亚历山大要来华沙了。""唉，他现在是波兰的国王，要来华沙也很正常吧。"孩子们你一句我一句地谈论着。"那他的兄弟康斯坦丁大公爵一定会热烈欢迎他吧？""我想是的。""他会怎么欢迎他呢？""听说他要举行阅兵，而且要让华沙的音乐团体都制定欢迎计划。""你的消息还挺灵通。""那是，我写作业的时候常常能听到大人们的谈论。这回肖邦要忙起来了。"没几天这句话就成了现实。肖邦被拉去学习一种新式乐器，它像钢琴又像风琴，有人给它起了个名字叫科拉利翁风琴。教他的老师是华沙国立音乐学院的教授，是个著名的作曲家。在他的指导下，肖邦学会了这件新乐器。

没有人知道国王能不能听懂波兰风格的乐曲，但是肖邦对这个新乐器产生了极大的兴趣，他的好奇心与国王的好奇心刚好产生了共鸣。因此，国王把一只珍贵的宝石戒指送给了他，作为对他的赏赐，也作为对自己好奇心的满足。

华沙维齐泰克教会有幸拥有了这台新式风琴，肖邦常常被新琴吸引，忘情而陶醉地即兴演奏，已然忘记了自己身处教堂之中。这时，唱诗班的孩子们正在进入角色，牧师和信徒们也在虔诚地做弥撒。"弗里德里克！"面对牧师没好气的呵斥，肖邦这才如梦初醒，尴尬地向人们道歉。

单调的伴奏已经成了肖邦最讨厌的敌人，只有即兴的演奏才能带给他热烈的创作欲望和永不枯竭的灵感。午夜时分，他悄悄起身点燃了一根蜡烛，半梦半醒的他，在钢琴上尽情地抒发心中的情感。一开始，这样的举动着实吓着了米柯瓦伊夫妇，不过慢慢地，他们对儿子这种奇怪的行为已经习以为常了。了解音乐的他们懂得，灵感就是会这样突然出现，谁也不应该对此横加干涉，否则就是在扼杀天才。

埃尔斯纳对肖邦的系统指导在他 10 岁那年夏天终于有了第一个成果，这就是于 1825 年 6 月正式发表的编号为"作品一号"的《C 小调回旋曲》。《华沙信使报》专门刊登了一则报道，宣称这是肖邦的"第一件作品"。

这首作品一问世就引起了音乐界人士的广泛关注，他们都从这首曲子当中感受到了韦伯和胡梅尔音乐的味道。

肖邦处于 19 世纪欧洲浪漫主义音乐思潮时期，他本身也具有追求自由的个性以及富于幻想的特质，与这种浪漫主义思潮恰好契合在一起。当他还是个不成熟的少年时，就已经下定决心把对民族音乐的关注融入和反映到自己的创作中，展现其理想的浪漫主义倾向。在肖邦短暂的一生中，其音乐特征贯穿始终的是抒情性、旋律性和对个人心理的刻画，越往后越清晰，逐渐构成只属于他的特殊"感情线条"。华沙一家出版社出版了肖邦的《C 小调回旋曲》，虽然定价只有 3 兹罗提，但对于当时的肖邦来说，更是一种社会认同。

在结束了紧张的期末考试之后，肖邦迫不及待地想要在沙发尔尼亚乡村度过美好的暑假。早上他带着一支猎枪出发，晚上回到庄园，他和同伴们兴高采烈地拿出鹌鹑和兔子，这足以让他向华沙的好朋友们写信炫耀一番了。他还想见识一下更遥远的世界，因此就有了这样一小群人，他们结伴而行，在波罗的海海岸上留下了长长的脚印。这是肖邦第一次来到原属波兰的领土。

肖邦和他的朋友们一起游览托伦，这是波兰著名天文学家哥白尼的家乡。波兰保留了托伦城里的市政厅，它堪称波兰最完美的哥特式建筑。肖邦对它观察入微，连忙说道："你们看，它的窗户个数正好是一个月的天数，大厅个数是十二个月的月数，再看房间个数，刚好是一年的周数。"伙伴们都为肖邦这惊人的观察力称赞不已。然而他在参观哥白尼的旧居时，遇见了一个对这个旧居毫不尊重的德国人，这强烈地激起了肖邦的民族自尊心。

长途跋涉的疲劳感并不会消除肖邦这次旅行的新奇感，他几乎到一个地方就会给他最亲爱的家人以及朋友们写信，兴奋地和他们分享自己的所见所感。在信中，他把这次长途旅行写成是一次"思想上的序曲和开启未来的序曲"，他说："因为在出发前，音乐的前奏就得开始了。"

当他们再次回到沙发尔尼亚时，正赶上当地每年一度的丰收节。晚餐的时候，肖邦正准备吃他的最后一盘菜，这时，他听见远方有高亢的歌声，那歌声一会出自一个女人的鼻音，一会又来自女孩们高亢的叫喊声，偶尔还有一些女低音，并且给这些歌伴奏的是一种三根弦的小提琴，这些声音融合在一起听上去有些刺耳。歌声从远处飘来，可以感受到它越来越近，空气中都浸透着庄重的气氛。慢慢地，歌声已经飘到了庄园里来，只见庄园的大门口走进来两个抱着麦穗的女人，后面跟着几个美丽的少女，她们头上都戴着花环，唱道：

庭院前面长着一片青翠的灌木丛，

我们的华沙人瘦得像一条小狗。

谷仓里有一堆干草，

我们华沙人飞一样地奔跑。

肖邦听着这歌声，突然脸颊有些发烫，心里有一种被挖苦的感觉，因为就在刚刚，他还在麦田里手捧麦穗，不停地追赶着一位迷人的姑娘。

在送上麦穗和鲜花之后，小提琴演奏者开始演奏古典风格作曲家多布日恩斯基的音乐，顿时，整个庄园变成了一个欢乐的海洋。

闪烁的烛火在月色下跟着人们一起欢快地跳动，高大的白杨树也随着微风自在地摇摆，人们不时举起手中的酒杯，共同畅饮，欢庆丰收。人们踏着喜悦的舞步，跟随着小提琴手那不太成调的舞曲。这首舞曲丝毫没有影响人们快乐的心情，反而催促人们加快舞步。摇曳的微风在肖邦心里荡漾着，他鼓起勇气拉着一位少女跳起了华尔兹。美妙的夜晚使他沉醉的同时也给了他极大的灵感，在肖邦今后的创作中，居然真的融入了这晚印象深刻的跑调歌声和小提琴旋律，甚至后来它还成了一种特定的旋律范式。

*

少年肖邦

第三章 1827—1830

青春颂歌

自由序曲

肖邦看完了从巴黎寄来的一封信，摇了摇头，走到钢琴前，随心所欲地弹了一阵。让他若有所思的原因是一名波兰钢琴家邀请他为《音乐月刊》写一些关于音乐家和波兰音乐的评论。他虽然知道这是一个很好的机会，可以提升自己的知名度，扩大自己的影响力，可是一向谦虚的肖邦不想因为要扩大影响而破坏自己的名声。因为他清楚地知道，如果发表了什么见解和言论就会引来许多是非。可能他会觉得自己出言不逊，也没有资格去评论他们和他们的作品。如果因为这件事得罪了音乐的同行们而闹得不愉快，是肖邦不愿意看到的。对于这件事，他和好朋友聊天说："我也没看到过什么好的歌剧和差劲的歌剧，所以我没有什么看法和见解值得刊登在巴黎的报刊上。这些报刊不应该邀请我写评论，而是应该去刊登真理，如果非要我写评论，那一定会出洋相。"肖邦是一个要么什么都不说，要么一定说真话的人。他可不想因此得罪了谁，当然他不会为了利益去恭维谁，更何况他把自己的名声看得很重，他不会做这样的交易，对德行有着很高要求的他也不屑于这么做。听众可以从他轻柔而纤细的演奏风格中看出他谦让而温和的绅士风度。在肖邦的作品中，我们很难发现贝多芬交响乐那种气势磅礴、雄伟壮观的气息，这是两种截然不同的音乐风格。而肖邦创作构思中那种细腻之美，则散发着他内心诗人般的浪漫。

1827年，莫扎特的歌剧《唐·璜》在华沙歌剧院首演，它是达·蓬塔根据西班牙民间故事《石客记》改编的。该作品着重于对角色的音乐刻画，尤其是通过三重唱的方式，细致地描绘了角色内心一刹那的变化。此外，在具体情境中，对不同角色之间的心理变化也进行了创造性的艺术处理，主人公唐·璜和村女采莉娜的二重唱便是其中的典型代表。观看歌剧的时候肖邦突然灵机一动，为什么不能通过钢琴来表现不同的性格？为了营造出歌剧般的氛围，他首先采用了以交响乐为主的旋律，并对交响乐和钢琴曲的组合方式进行了大胆的尝试。

肖邦重新谱写了唐·璜与采莉娜二重奏的主旋律，后人将之命名为《伸出你的玉手》主题变奏曲，编号为"作品二号"——《降B大调钢琴与管弦乐变奏曲》。在肖邦的作品中，很少有"标题音乐"，或许他觉得这首曲子足以表达他的情感，没有必要通过标题赘述，这样才能满足不同听众对音乐的欣赏与理解。一千个听众，就有一千个音乐的"标题"。肖邦具有天才所特有的敏锐，所以他更喜欢用"玛祖卡""波洛奈兹""夜曲""圆舞曲"这些词汇，而不喜欢在观众面前扮演一个口若悬河的老师。

埃尔斯纳对这个有天赋的学生寄予厚望，但是，肖邦交给他的作品，有时会让埃尔斯纳忍无可忍。"弗里德里克，你对我们制定的那些规矩的态度实在是太随意了。""希望得到您的原谅，我不愿意把我的双手和双腿都绑起来。"肖邦轻声解释道。
"你要知道，自由和规矩是最好的朋友。""可我只有一个好朋
友，那就是自由。"年轻的肖邦不管不顾地顶撞着，但他马上意
识到了自己的失态，连忙说："不过我会尽快喜欢上规矩的。"
埃尔斯纳对于他的态度显得有些失望，并说道："真正的艺术
家，不管在什么情况下，都要学会从身边吸收有益的东西，而且
要牢记，必须着眼于自身的修养，不断学习，不断进步，这样他
才会得到别人的尊重。"

暑假来临前，肖邦收到了他在音乐学院第一年的成绩单。埃
尔斯纳对这份成绩单给予了肯定，但是对他的评价却没有其他优
秀的同学好。不管怎样，肖邦还是决定去乡下度假，他将尚未完
成的"作品二号"乐谱装进行李箱，起身前往乡下。马车行驶在
乡间的小路上，斑驳的树影在地上画着奇妙的图案，让他感觉很
轻松、很舒畅。他望着远处不停变幻的云朵，心里默默思索着：
"这首交响曲加入了管弦乐，无论是成功还是失败，都会是我在
这所学校里一年来学习的真实见证。"

这次旅行对肖邦来说意义重大，因为度假地点是在他的故乡
热拉佐瓦·沃拉。自从离开这里，他还是第一次回到家乡，重新
感受这片深爱的土地。他望着窗外熟悉的沃野，耳边回荡着忽远
忽近的民歌，阳光虽然热烈，但却不算炙烤，这让肖邦兴奋极
了，就连长时间的颠簸都难以磨灭他对汲取民族音乐养分的热

情。在这片美丽的土地上吸收艺术养分正是他想要的，浪漫的风格、朴素的旋律、美丽的乡间景色，让他不枉此行。

还记得热拉佐瓦·沃拉庄园的女主人吗？她就是撮合肖邦的父母喜结连理的沙贝克伯爵夫人。她总是见人就说："你看，多亏了我，才有咱们波兰的钢琴天才肖邦。"沙贝克伯爵夫人听说肖邦要来度假，她准备搬去和丈夫一起生活，然后把庄园的别墅留给肖邦住。马车终于带着肖邦同沙贝克伯爵夫人以及她的丈夫会面了，他们彼此寒暄了一阵，伯爵夫人一直夸赞肖邦的音乐才能，说要把他介绍给当地的省长拉季维乌亲王。

在金碧辉煌的宫殿中，伯爵夫人热情地向肖邦介绍着这里的一切，宽阔的过道上悬挂着许多拉季维乌亲王祖先的画像，见过很多大场面的肖邦还是对眼前的景象感到惊讶。拉季维乌亲王盛情邀请这位乐坛新秀给大家展示他的音乐才能。亲王的夫人和两个女儿也想要一睹他的风采。

肖邦先是礼貌地向拉季维乌亲王鞠了一躬，然后在一架名贵的三角钢琴旁坐了下来。他稍稍环顾四周，这种典雅的音乐沙龙形式是他非常喜欢的。旅途的劳累并没有影响他的发挥，他轻柔的指尖一触碰到琴键就自然地流动出美妙、欢快、令人陶醉的乐曲。肖邦的灵感涌动着，把内心缠绵的情感全都抒发了出来。在座的人们都屏住了呼吸，生怕因为自己的疏忽而错过任何一个音符。在飘荡的窗纱前，阳光洒落一地，凉爽的微风带着美妙的音符，轻柔地抚慰着每个人的灵魂。在这雍容华贵的皇宫里，人们如痴如醉地享受着音乐带来的美好气氛，直到最后一个高音结束，人们才清醒过来，并报以热烈的掌声。拉季维乌亲王本身也是一位作曲家，并颇有造诣，他在音乐界的地位和他的出身一样高，柏林声乐协会每年都要为他的新作演奏。他很久以前就想认识这个与众不同的波兰青年了。

虽然肖邦对沙龙的音乐氛围有着执着的向往和喜爱，但这并不与他热爱而渴望的乡间音乐相矛盾。这两种看起来矛盾的音乐形式，在他的身体里却能够协调统一。肖邦常常表现出矛盾而又复杂的个性，但他与钢琴迸发出来的美妙火花，代表着一首又一首的新作品。在肖邦回到华沙的前一晚，他激动地把这首变奏曲的乐谱放在了他的箱子里。回到华沙，埃尔斯纳认真地读着这张完整的乐谱，嘴角露出了一丝微笑。这位机智的年轻人，已经开始认识到了戏剧化的反差和表现音乐中微妙情感的重要性。与交响乐配合的钢琴曲需要有很高的要求，这是一个考验精神和毅力的过程。肖邦从埃尔斯纳的眼睛里看到了满意的神情，他并没有把第一学期的评语当回事，而这首新创作的乐谱就是最好的证明。这个年轻人会慢慢懂得老师的良苦用心。

肖邦敲响了杨·马图申斯基的房门，并希望他的朋友也能分享他的快乐。马图申斯基不仅是肖邦的挚友，还是一个思想进步的青年。他们志向相投，此时，他们都将注意力集中在《波兰报》上一位诗人的文章上，这位诗人每周都会发表一篇激进而浪漫的文章，他就是波兰著名的评论家、教育家和政治活动家莫里斯·莫赫纳茨基。他的文章开始引起人们的议论，进而引发艺术领域的浪漫主义运动。

这一激烈的浪漫主义运动，表面上看是对波兰诗人亚当·密茨凯维奇诗作的辩论，实际上却拉开了反对奴隶、争取自由解放的序曲。

一个凉爽的秋夜，肖邦坐在路边的咖啡馆里啜饮着咖啡。他环顾四周，突然听见隔壁桌的两个人在小声谈论着什么，其中一个年轻人激动地说："如今，当所有渴望自由的灵魂都被囚车和枪林弹雨浇熄时，许多国家的人民却在最恐怖的奴役中哀号，我们却不能为正义与自由而战。"这些话，如同滚烫的岩浆流入肖邦的心里，他觉得这些话似曾相识，思索了一下，他想到了马图申斯基经常对他说的话。他仔细看了看，认出了对方是谁，对方也看见了肖邦，主动和他打起招呼："你好啊，弗里德里克先生，我听过您的音乐会。""晚上好，莫里斯先生，我也读过您的文章，非常令人难忘。"虽然他们未曾谋面，但是能认出彼此。肖邦猜到了低声说话的人就是他非常欣赏的莫里斯·莫赫纳茨基，他这样的人敢于挑战权威，追求自由，是肖邦心中的英雄。坐在莫里斯对面的人是诗人斯泰凡·维特维茨基。"啦啦啦啦，啦啦啦啦……"斯泰凡疑惑地听着莫里斯哼起的一段玛祖卡旋律，不知道他想要玩什么把戏。而肖邦却从莫里斯幽默的曲调中，看到了他眼眸里闪烁的那团热情的心灵之火。热情的莫里斯提议大家为肖邦干一杯："为了我们伟大的天才干杯吧！"说到这里，每个人的酒杯里都倒满了火红的葡萄酒。通过深入的交谈，肖邦越来越觉得他和莫里斯在一起有说不完的话题。虽然一开始的气氛有些古怪，但不影响这几位充满活力的小伙子将这小小咖啡馆里的气氛推向高潮。他们思维活跃，感情真挚，虽然天色已晚，可是热情的莫里斯仍然邀请大家到他家去做客。

在大家期待的目光下，肖邦打开了放在客厅里的钢琴琴盖，安然地坐在琴凳上，双手随即按下一个高音。他显得有些兴奋，或许是刚才的葡萄酒已经发挥了作用，此时他觉得口有些干，头有些发晕，但是多巴胺快速的释放让他的神经逐渐兴奋起来。琴键在他的手下自由起伏，这段华丽悦耳的旋律带给了大家一个无比愉快的夜晚。

斯泰凡及其伙伴们相互用眼神交流，大家都微笑着、陶醉着，心里的烦恼都随着清脆的高音烟消云散。在座的宾客都沉浸在自己似梦非梦的情感世界，就像一颗镶嵌在黑色天鹅绒上的钻石，闪烁着诱人的色彩，有莹绿色的，有天蓝色的，也有赭红色的，引起了人们无限的想象。

小小的客厅里响起了热烈的掌声，肖邦转过头来，彬彬有礼地说道："谢谢。"

"这真像一只精致而完美的杯子，它能把波罗的海都装进去吗？"莫里斯嘲弄地说。

肖邦惊讶地抬了抬眉毛："波罗的海？""不错。"莫里斯耸了耸肩。

肖邦脸上顿时有些愠色，他们心中涌动的仇恨和愤慨也都不再隐藏，而莫里斯则安静地拿着杯子，若有所思。

就在这时，一个重音打破了沉闷的气氛，肖邦的琴声再次响起。他一边吟诵，一边用琴声表达着心中的渴求："当所有渴望自由的灵魂都被囚车和枪林弹雨浇熄时，我们要为正义和自由而战……"

悲伤的音调过后，是决绝而坚定的旋律。亚当·密茨凯维奇的诗作《青春颂》中写满了慷慨激昂的文字，一个为自由而死的英魂，在夕阳的余晖中显露出来。

一道道清亮的高音，为浪漫的幻想奠定了基调，将观众带入了春日的美好与神秘。屋子里除了钢琴声以外一片寂静，好像没有人愿意打破这种令人心醉的氛围。肖邦看起来疲惫不堪，浑身的力气都用光了，额头上渗出细密的汗珠，但他的脸上却表现出坚定的神情。

"各位，你们感觉怎么样？"莫里斯突然大声地喊道，他就像一位激情满满的战士，"音乐的灵魂与诗歌都在这儿，看，就是那双手，饱含着我们波兰人民的意志和民族的品格，你们感受到了吗？"

莫里斯紧紧握住肖邦的手，因为激动，双手显得有些颤抖。

众人纷纷起身，热烈鼓掌。

一场歌剧

"妈妈，我还想和您再商量一下出国的事情。"肖邦严肃地和母亲谈起他的一桩心事，"妈妈，您知道的，我两年前就想去国外看看了，可是你们一直说要等一等。咱们家的寄宿生都能出国，我为什么不行啊？""哦，你说的是被国家选派做留学生的事情吗？"母亲贾斯蒂娜温柔地望着儿子说道。"我是不是需要再等半个世纪才能出国呢？""你这个傻孩子，我和你父亲一直在商量带你去维也纳呢。""你说的是真的吗？"肖邦有些不敢相信自己的耳朵。米柯瓦伊夫妇当然了解儿子的心事，他们也知道华沙的学习条件有限，而且音乐会的数量和质量都没有国外高，对于像儿子这样对音乐极度渴望的人来说，出去看看对他的发展有很大帮助。

肖邦18岁这年的夏天，收到了一个让他兴奋很久的好消息：父亲米柯瓦伊要带着他去维也纳。不仅是肖邦的父母，还有他的姐妹、朋友都开始张罗帮他准备东西。可令人懊恼的是，有一个相熟的贵妇人非得和他们父子一起去。带着她出发没有什么问题，可是她总是一再拖延，甚至没有任何要动身的意思。可想而知，肖邦本来兴致勃勃的热情被她无情地浇灭了。

他并没有因此而浪费时间，他将之前创作的《C 小调回旋曲》进行了修改和完善，他不断地摸索一些新的创作方法，并且和朋友们一起试着合奏，出乎意料的是，效果令他们很满意。

这个暑假虽然让他感到有些遗憾和懊恼，但还是有些小惊喜在等着他。华沙将要上演一部歌剧《塞维利亚的理发师》，它是由两名演员用意大利语演唱的。肖邦难以抑制兴奋的心情，一整天都在期待中度过。可是这场音乐会并没有拯救他的心情。"我真是倒霉透顶了，好不容易看场音乐会，结果却是这样。"肖邦向朋友抱怨道。"是啊，那个男主角的声带不知道出了什么问题，他居然会跑调，我脆弱的神经都受到了严重的伤害。"朋友回应道。这让肖邦突然感觉很想笑，他打趣道："你说那个扮演'丑角'的演员今晚可真够可怜的，大家看到他穿着那么滑稽的衣服，戴着那么滑稽的帽子，当众出糗也就算了，爬起来也那么费力。哦，天啊，可怜的人啊，真不知道他会怎样度过今晚。""是啊，观众的哄堂大笑一定让他很难堪，希望他今晚能睡个好觉。"朋友也谈论着今晚唯一能让他们稍微开心的事情。这件事情过后，肖邦更加希望去看看国外真正的音乐会和歌剧。

过完暑假，肖邦回到了家。他在房间里发着呆，听着窗边小麻雀叽叽喳喳地乱叫，心里有些失落和惆怅。突然，他听到一阵急促的脚步声，紧接着是父亲急切的呼唤："弗里德里克！"似乎有什么紧急的事情发生，他赶紧起身打开房门看个究竟。"哦，我亲爱的儿子，你快看看这个。"父亲兴奋地把一份文件递给了他。肖邦接过来，这是一份非常精致的邀请函。"快打开看看。"父亲高兴地催促着儿子，"这是我的老朋友雅洛茨基教授的邀请函，他这次被邀请去参加柏林的一个国际学术会议。他正在楼下，他是来和我们分享这件愉快的事情的。""哦，是那个华沙大学的动物学教授吗？不过这和我有什么关系，值得你这么高兴？"肖邦略显失望地说。"你别急，听我慢慢说。刚才在楼下客厅里，我问了他你可不可以一起去，他非常爽快地答应了，而且要把你介绍给柏林音乐界的朋友。"这突如其来的好事正是肖邦一直以来最热切的渴望。"是真的吗？太好了，我可以出国听歌剧了。谢谢你，我最亲爱的父亲。"肖邦在米柯瓦伊的脸颊上狠狠地亲了一口。米柯瓦伊拍着儿子的肩膀开心地说："你终于如愿了。"

接下来的日子里，全家人都在为他出国的事情作准备：父亲为他准备了一个漂亮时髦的新皮箱，还预订好了马车的座位；母亲为他准备了必备的衣服、鞋等；姐妹们为他选了一些漂亮的装饰品。与大家忙碌的身影相比，肖邦的身影则显得安静很多。他一个人躲在卧室里，伏在书桌前，愉快地给好友写信："我的梦想终于实现了，今天我就可以出发去柏林。那儿有意大利作曲家斯蓬蒂尼的歌剧。不过，我只能去半个月，希望在这半个月内我能多看几次精彩的歌剧。想一想我就很激动，终于可以看到高水平的表演了。"

出发的时间到了，家人们都站在房子外面的草坪上送别肖邦，他坐上了精心改装的马车，挥着手与家人们告别。马车的颠簸让他感觉全身就像散架了一样，就这样过了一周才开始看见柏林的天空。他们来到柏林的一个旅馆，肖邦洗漱完后就跟着雅洛茨基教授去拜访当地的社会名流了。

李赫滕斯泰因是著名的动物学家，他创建了柏林动物园，同时也是此次国际学术会议的发起人之一。他对雅洛茨基和肖邦的到来感到非常高兴，还向他们介绍了德国著名的自然学家和地理学家胡姆勃尔特先生。这是肖邦第一次出国，他被雅洛茨基教授的夸奖弄得有点不好意思。

李赫滕斯泰因也是声乐协会的会员，因此，音乐成了今晚所有宾客们谈论的热点话题。他说如果肖邦能早来一天就能看到他女儿昨晚的钢琴演奏会，还说要向柏林的一位顶尖艺术家介绍肖邦。

第二天晚饭前，肖邦找到了雅洛茨基教授，礼貌地说："教授，您好。"

"感觉怎么样，小伙子？"雅洛茨基教授说道。

"哦，一切都很好。教授，我可以冒昧地提一个要求吗？"肖邦低声说道。

"说吧，不用拘束，看看我能不能帮到你。"雅洛茨基教授慈祥地看着他。

"我可以提前用餐吗？我想晚上早点去听音乐会。昨晚我非常遗憾没有听到温特著名的歌剧《中断的宴会》。"

"去吧，孩子。我知道你就是为这个而来的。"

"谢谢您。"肖邦愉快地回答道。

肖邦觉得整个暑假的霉运都走完了，现在的自己幸运得不得了。他给父母写信报平安说道："自从我来到柏林以后，剧院每天都会上演新的剧目，就好像知道我来特意给我安排的一样。"他还如数家珍一样列举着自己欣赏过的剧目，说道："《圣塞西莉亚赞美诗》这部清唱剧的演出效果太棒了。它是亨德尔创作的，真是不一般，我觉得这部音乐剧是我学习的榜样，它给了我很多灵感，我觉得我的理想就快要实现了。"

在柏林的剧院里，他终于见到了德国人演的歌剧《自由射手》。他说："我最想看的就是这部剧，看了以后，我就可以把它和我们的歌唱家演唱的版本作个比较。"但是他并没有给柏林的歌唱家太高的评分，甚至连当红的女中音歌唱家蒂巴尔迪和《货郎》的女主角波琳娜·莎特莱尔都被他看出了一些破绽。因此，他只能寄希望于巴黎，或许那里能有一场完美的音乐会。

国际学术会议让李赫滕斯泰因教授忙得不可开交，他无暇顾及向肖邦兑现诺言，但还是很热心地帮助肖邦拿到了一份邀请函。

肖邦第一次亲临这种高规格的国际会议，他在信中对自己的父亲说："这里一切设施都很高级，出入的宾客都是修养很高的人，我很喜欢这里的氛围，我还见到了德国的王子。"不过他的自信心还是被这样的氛围给压抑住了，他没有胆量在社会名流面前作自我介绍，只能眼睁睁看着进入德国音乐圈的机会在自己手上溜走。他隔着人群远远地看见了意大利作曲家斯蓬蒂尼和德国作曲家策尔特等著名音乐人，他想鼓起勇气走过去，可最后还是放弃了，因为他看见了与他同龄的门德尔松在和这些大人物交谈着。门德尔松是音乐大师策尔特的弟子，他为莎士比亚的《仲夏夜之梦》创作的《序曲》和《弦乐八重奏》都是非常成功的作品。肖邦有着非常强烈的自尊心，在他觉得还没有能力和对手相提并论的时候，他是绝不会用这样的方式来表现自己的。他默默给自己定了目标，一定要赶超对手。等若干年之后，再与门德尔松相见时，他也有传世之作标榜自己了。

肖邦独自在柏林的街道上闲逛，无意中走进了一家音乐商店。可他并没有相中什么心仪的钢琴，此前他还去过两家颇有名望的钢琴厂，非常遗憾没遇到已制成的钢琴。他本期待在柏林有所收获，看来是期望过高了。但他也不是一无所获，他在柏林的皇家图书档案馆里找到了一封来自柯斯丘什科的来信。

柯斯丘什科是波兰解放运动的一位英雄，他是克拉科夫民族运动的领导者。肖邦的父亲米柯瓦伊也曾参与过一场令他终生难忘的爱国之战。当时图书馆的文书法尔肯斯泰因注意到了雅洛茨基和肖邦的波兰口音，他正在创作柯斯丘什科的传记，所以希望雅洛茨基先生将柯斯丘什科的这封信用德文翻译出来。肖邦观察到，雅洛茨基一边翻译，法尔肯斯泰因一边把这封信上的每一个字母都非常认真地抄写在一个小笔记本上。他感受到自己民族的英雄可以在国外受到如此的尊敬，他对这位学者肃然起敬，也不免升起一份民族自豪感。他回到住处，马上给自己的父母写了一封家书，告诉他们自己的所见所感，并对这位馆长给予高度的称赞。为什么他会对此事有这么强烈的反应呢？因为他在波兰的时候，没有人敢公开谈论柯斯丘什科这位民族英雄，也没有人敢谈论全国抗战这件事情，波兰的民众已经没有了言论自由，谁要胆敢成为一个爱国的勇士，那么等待他的将是无处不在的警察和密探，最后这些爱国者将消失在地牢和刑讯逼供中。在肖邦的身边常有这样不幸的事情发生。

这段时间在柏林的所见所感常常触碰肖邦敏感的神经。有时他觉得自己充满力量，走在柏林的街上都是昂首阔步；有时他觉得自己像一个文弱书生，走路都低着头；有时他觉得心中还会突然充满激情，想立即把这份情感通过琴声表达出来；而有时他又觉得一个人很孤独，很思念自己的家人和朋友。

　　虽然他是一个音乐天才，在音乐方面是一个"成熟"的人，但实际上他还是一个需要家人照顾的孩子。这种稚嫩与成熟的矛盾就这样汇聚在他的身上，而且不会随着时间的流逝而消失，之后他在巴黎生活时，这种矛盾更为突出。

　　返程日期来临，肖邦坐上了马车。突然马车停了下来，他向窗外望去，看见了舒勒肖夫驿站，已经快到法兰克福了。"请大家耐心等待一下，马已经跑不动了。"马车夫礼貌地和各位旅客解释道。肖邦下了车，看见马匹大汗淋漓，心想它得休息好一会儿呢，就在阴凉的地方活动一下僵硬的手脚。他透过树影望了望周围的景致，一条宽阔的马路向远处延伸，阳光火辣辣地照着大地。马路一旁是一片金黄的田野，另一旁是一个稍显简陋的小旅店。他走过去推开旅店狭小的门，映入眼帘的是一架老式钢琴，他像看见宝贝一样径直走到钢琴前开始弹奏起来。

　　顿时，这间小旅店里充满了美妙的琴声。大家都顺着声音走到客厅里来，旅店的老板和老板娘也都放下手中的活计，吃惊地来一看究竟。这间简陋的小旅店并不能将这美妙的声音围困在屋里，路过的人们都听见了屋里传来的琴声，好奇地围了过来，小旅店瞬时门庭若市。他们从来没有听过如此打动人心的音乐，这声音似乎不属于这个世界，它是如此美好，让人感受到前所未有的平静和祥和。

　　"快上车了……"鲁莽的马车夫急匆匆地闯进小旅店，立即招来了众人的"嘘嘘"声。

不知不觉过了两个小时，筋疲力尽的肖邦才停止了即兴演奏，这是他在德国意外举行的一场小小音乐会。他没有穿礼服，也没有高质量的钢琴，却受到了真挚的欢呼，马车里也装满了听众衷心的祝福——糕点、糖果和醇香的葡萄酒。多年后，肖邦在欧洲上流社会里受到过无数次的嘉奖，但都不如这场小小的音乐会更令人难忘。

途中，肖邦和雅洛茨基受到一位主教大人的盛情款待，连续几天的旅途疲劳得到了缓解。

拉季维乌亲王在豪华的邸宅里接见了肖邦和雅洛茨基，不一会儿客厅里响起了钢琴和大提琴二重奏的旋律，那是亲王和肖邦在用音乐语言进行亲切交谈。

10月6日，米柯瓦伊夫妇终于看见了风尘仆仆归来的儿子。"弗里德里克，你真的看见王子了？"姐姐路德维卡急切地想打听到更多的柏林新闻。

小有成就

深夜，街上不时经过的马车惊动了几只狗的一阵嚎叫。此刻，肖邦那间屋子里的灯还亮着，桌上散落着草稿纸，有些被揉成一团，有些被撕碎，有些则从桌上掉落下来，地上甚至还有肖邦因为愤怒而摔断的铅笔。他为了追求完美的旋律，不放过任何一个小的细节。这种偏执没有对他产生太大的影响，反而他的手稿数量越来越多。

肖邦走到钢琴前，轻轻打开琴盖，他并没有急于弹奏，而是闭上双眼，回忆起刚刚结束的柏林之行。在他眼前似乎又看到了柏林的大街小巷、图书馆中柯斯丘什科的信、大汗淋漓的马匹和驿站的那个小旅店……他已然陷入了一种无法自拔的情感中，这让他已经忘了现在已是午夜时分，忘了周围的一切已安然入睡。突然他按下琴键，一段优美的旋律从他指尖上跳跃出来。随着更多音符飞旋而出，阵阵琴声冲出窗户，打破了城市沉睡的寂静，浓浓夜幕下透出一个个精灵一样的音符。肖邦享受着灵感的迸发，享受着音乐世界的灿烂辉煌。站在门外许久的父亲只能悄悄走开，他听见琴声本想来提醒儿子早点休息，但他不忍熄灭孩子珍贵的灵感火种。他轻轻地关上了门走下楼去，留下闪烁灯光下肖邦幸福的身影，他完全沉浸在音乐的光辉中。他感受到心里有好多情感需要抒发，需要释放，只有音乐创作能将他的心事表达出来。琴声里流淌着这位天才少年的才华和情感。

柏林之旅给肖邦留下了深刻的印象，特别是剧场里的舞台流光溢彩、乐曲新颖别致、观众如痴如醉，还有那雷鸣般的掌声。他要的就是这样的效果，他充满信心想要征服世界，他的才华和意志催促着他马不停蹄地创作。肖邦对这次国外之行表示由衷的感激，因为他看到了一个五彩缤纷的新天地。如此多优美的曲调和歌手们丰富的表现力，填补了他在学习上的空缺，犹如一道清澈的泉水，流入他向往已久的心田。

他现在是音乐学院大三的学生，不需要再像以前那样经常来上课，他的主要方向是创作不同风格和体裁的音乐作品。《A 大调波兰民歌幻想曲》的灵感就来源于舒勒肖夫小旅店那家老式钢琴。这种猜测不无道理，因为只有在他国，才能感受到祖国的庄严，从而产生一种强烈的民族自豪感，那就是对波兰炽热的爱。

1828 年冬日里的一天，肖邦在火炉旁给朋友写信，他洋洋自得地说："《F 大调克拉科维亚克回旋曲》总算是写完了，不过它的序曲很特别，比我的那件毛呢礼服还要华美。"克拉科维亚克舞曲源自波兰的克拉科夫舞曲，颇具民族特色，轻快的拍子和"哒哒"的重音是肖邦最能调动现场气氛的一种方式。

《G 小调钢琴三重奏》是一首他尚未完成的作品，与《F 大调克拉科维亚克回旋曲》作品相比，其思想和形式明显不同。后来，当他把这首作品献给拉季维乌亲王时，人们不禁回想起他们曾用二重奏的方式进行过亲密的交流。

严冬已过，又是新的一年，肖邦得到了两次公开演出的机会。母亲看到紧张的儿子，温柔地拍了拍他的肩膀说："今天晚上，我的宝贝会成功的。"当华丽的舞台中央响起琴声的时候，一些经常听音乐会的观众们发现，表演者正是已经长大的音乐神童——肖邦。人们被这位演奏家和作曲家精湛的技艺所震撼，一个个音符就像拥有灵感翅膀的小精灵，随着他的手指飞舞起来。他那双有魔力的手轻松驾驭着超高难度的演奏技巧，优美的旋律像一只神奇的大鸟，带领听众遨游在无与伦比、璀璨辉煌的音乐世界。

米柯瓦伊的双手一直紧握着座椅扶手，仿佛这种依靠能安抚他紧张的神经。一曲终了，观众席里爆发出热烈的掌声，人们纷纷向米柯瓦伊夫妇表示祝贺，可米柯瓦伊还愣在原地没有反应过来。"米柯瓦伊，你怎么了？"当妻子发现丈夫眼里闪烁的泪花时，不解地问道。"哦，没什么，我只是太激动了。"他发现人们投来了祝贺的目光，赶紧报以微笑作为感谢。同时米柯瓦伊夫妇还留意到，那些包厢中高贵的客人只是礼貌性地鼓了几下掌，然后就冷淡地转过头去窃窃私语。不管怎样，米柯瓦伊夫妇对儿子给予了高度赞扬，也寄予了殷切希望。

随后，米柯瓦伊夫妇开始谈论起肖邦出国留学的事情，他们想到了向政府申报经费的方法。

没过几天，米柯瓦伊给教育部部长写了一封信：

尊敬的阁下：

您好！我是华沙公立中学的教员，已经从教二十年有余，我敢保证自己对于教育事业尽忠职守、竭尽所能，所以在此冒昧地请求政府能给予资助，作为我儿出国留学之用。
他自幼天赋异禀，习得音乐不辍，如蒙恩准，本人将视之为
最高的褒奖……

在此之前，肖邦有一个同年级的学生尼德茨基已经获得了政
府的资助，特别是柏林之行后，他迫切希望能实现这个愿望。但
是一个人的出现让他暂时把开音乐会的喜悦和出国留学的事情抛
诸脑后，这个人就是意大利小提琴家尼科罗·帕格尼尼。

华沙的初夏，暑气未到而热情已临，人们谈论的都是帕格尼
尼的小提琴独奏音乐会。通过两个月十场小提琴独奏音乐会，帕
格尼尼向华沙的听众充分证实了自己是乐坛上最负盛名的演奏
家。虽然他的音乐会票价非常高，但还是有很多音乐发烧友宁愿
勒紧裤腰带也要去听他的音乐会。有一些买不起门票的音乐爱好
者只能围在剧院门口，希望能看一眼帕格尼尼。

肖邦赶上了帕格尼尼最后一场演出，他的小提琴独奏给肖邦
带来了强烈的震撼，他惊愕地感觉到小提琴在这个意大利人手里
像魔法棒一样神奇地变幻出震撼人心的音乐。走出剧院，肖邦一
个人在夜色笼罩下的街上徘徊良久。他思忖着，为什么我不能像
他一样可以创作和演奏出那么勾魂摄魄的旋律？为什么我不能像
他一样可以有傲视整个乐坛的气魄？为什么我们波兰不能出这样
的音乐人才？可以说肖邦的雄心壮志被帕格尼尼的演奏彻底激发

了出来。以前听过的所有音乐会在此刻都黯然失色，即使一些杰出的音乐会也都在他的记忆里消失殆尽。帕格尼尼对他的影响可以在他的一个作品中得以窥见——《A 大调变奏曲》，副标题为"纪念帕格尼尼"。

等肖邦回到家中时东方已经泛起鱼肚白，他蹑手蹑脚地走上楼梯，生怕木地板发出声音。越想保持安静的肖邦越是觉得有一根羽毛在搔动着他的嗓子，他越是想忍住越是咳得厉害。米柯瓦伊睡眼惺忪地打开卧室门，看见儿子才回到家中，剧烈的咳嗽让他特别担心："怎么才回来？"肖邦感到很抱歉，忙说着对不起，可是咳喘让他连话都说不成，他捂着嘴小跑回到了自己的卧室。米柯瓦伊担忧地望着他的身影叹了一口气。米柯瓦伊夫妇一直没有摆脱小女儿去世的阴影，此刻他们对肖邦一样充满担忧。令他们不安的还有华沙的一些流言蜚语，革命的传闻最近成了人们窃窃私语的主要内容。米柯瓦伊对于战争是有过亲身体验的，他非常清楚儿子的音乐天赋很有可能会埋没在隆隆的炮火声中，谁也无法挽救。他明白现在能做的就是尽快送儿子出国，一定要不惜一切代价，谁知道驿站的马车还会不会出现。米柯瓦伊还不曾知晓他写给教育部部长的申请书已经获得审批，部长计划出资5000 兹罗提供这位波兰的音乐天才出国学习两年。但最终这个审批却没有通过，因为警察署和内务部无情地把这份审批给否决掉了。就这样，这份申请书在各政要人士的办公桌前不停地辗转，同时，肖邦也完成了他在音乐学院的学习。19 岁那年的夏天，他毕业了。

埃尔斯纳终于在毕业评语中给予了他高度的评价：弗里德里克·肖邦，本学院三年级学生，一个极具天赋且才华出众的音乐天才。望着手里的评语和被退回的申请书，米柯瓦伊的心里百感交集，他需要从长计议儿子出国留学的事情。

米柯瓦伊夫妇只得互相安慰以消磨沮丧和失落的心情，他们对儿子去维也纳充满担忧。维也纳是国际乐坛的核心，那里竞争激烈，容不得一点闪失，初出茅庐的青年才俊在这样的舞台上要有真功夫才能崭露头角。他们夫妇二人对上次儿子的柏林之行记忆犹新，敏锐的他们不仅发现了肖邦在音乐造诣上的提升，还发现了他心理上的一些微妙变化。如今，他们的儿子已经毕业，也长大了，他们能为他做的事情很有限，除了帮着准备一些钱，再拜托肖邦的老师埃尔斯纳写一封热情洋溢的推荐信之外，帮不上别的忙。以后想要成为一名职业的音乐家，就得靠他自己的努力，勇敢地向前走，维也纳之旅或许是他人生中新的开始。在肖邦和他的同学们相约一起闯荡维也纳时，恰巧有一位休伯教授要去维也纳，于是他就带领这些孩子开启了维也纳之旅。

盛夏，华沙渐渐远离肖邦乘坐的马车。他们一行人坐在马车里心情复杂地望向故土。他们既期待自己未来在维也纳闯出一番新天地，又时刻思念和担忧自己的祖国。

维也纳之旅

哈斯林格在欧洲音乐界是非常知名的人物。他是维也纳的音乐出版商，他旗下的奥德翁唱片公司在欧洲音乐圈中享有盛名，出版了很多经典的钢琴作品，就连大名鼎鼎的贝多芬都是他的好朋友。

"当当当……"肖邦敲开了哈斯林格家的门。

"您是？"哈斯林格打开房门，犹豫了一下，他不确定眼前的人就是肖邦——那位早已出名的波兰音乐天才。

"您好，哈斯林格先生，我这里有一封埃尔斯纳先生的推荐信，还请您过目。"

"哦，好的。"哈斯林格压制住自己内心的激动接过了信，但是他兴奋的表情还是被肖邦捕捉到了。哈斯林格很早以前就听说过弗里德里克·肖邦，一年以前他收到过好友埃尔斯纳送来的一份肖邦的作品《伸出你的玉手》主题变奏曲，独具慧眼的他当时就发现了这位创作者才华非凡，如果与他合作，一定会为自己的公司带来丰厚的财富。他一直希望能把这首乐曲列为自己丛书的一部分，没想到他竟然自己找上门了。哈斯林格心想，这是天赐良机，正好可以让他弹奏这首曲子为自己的丛书做宣传。想到这里，他十分热情地把肖邦请进屋里，而肖邦还以为是老师的推荐信起了作用。

哈斯林格过分热情地招待着肖邦，他一会儿叫人端来点心和咖啡，一会儿又叫人安排午饭，一会儿请他去沙发上休息，一会儿又叫来自己的儿子给肖邦弹奏乐曲。还没等他的儿子演奏完毕，他又搬来很多自己发行的丛书，一本接一本地给肖邦讲其中的趣事。

他满以为肖邦会对这些精美的图书夸赞一番，可出乎意料的是，肖邦只是礼貌微笑了一下。他心想赶紧让肖邦的作品出现在这里，可看他的表情又似乎另有打算，他没有直接挑明。他不知道对面坐着的这位青年是一位内向、羞涩的小伙子，便脱口而出："您的变奏曲将在一周后出版。"这句话让肖邦倍感意外。"是真的？"肖邦情不自禁地放大了音量，但马上察觉到自己有些失态。哈斯林格认真地说："是的。"他看出了肖邦有些发急，便微笑着说："你是怕维也纳的人听不懂你的新作品吗？"还特意加重了"怕"这个字。肖邦轻轻地摇了摇头，已经明白这位先生是在鼓动他尽快完成一次公开演出。虽然哈斯林格想尽快促成这件事，但现在毕竟是他们的第一次会面，总不能把事情搞得太僵，所以他赶紧岔开话题。肖邦非常知趣地跟他聊了一会，临别时还不忘解释一番，表明自己最近在路上耽误了很多时间，没办法练琴，技巧有些生疏，所以需要练习一段时间再说。哈斯林格嘴上说着希望肖邦多休息，但是心里却在猜测这个小伙子是不是到维也纳以后胆子变小了。

　　说实话，肖邦的确有些犹豫和害怕，他能否在维也纳受到欢迎和认可，他心里没底。毕竟这是在国际的大舞台上，他需要谨慎再谨慎，绝对不能太仓促，机会只有一次，没有十足的把握他是不会轻举妄动的。

　　但不管怎样，有了埃尔斯纳的推荐信，肖邦已经成功地敲开了维也纳的社交之门，现在有了哈斯林格的帮助，他很快就能进入维也纳上层社会的交际圈。他时常出现在各种富丽堂皇的会客厅里，当地的名流、千金小姐、太太都对这个温文尔雅的小伙子产生了好感。这位刚刚成年的小伙子衣着得体，身材修长，蓝色多瑙河一样的双眼忧郁多情，纤细的手指触及琴键的时候，吸引了很多异性柔情的目光与绅士赞许的眼神。人们看到肖邦时想到的都是同一个词：风度翩翩。

　　除了名士、淑女以外，肖邦还得到了维也纳音乐界人士的青睐，他们都觉得能与这位波兰小伙子见面是一件非常荣幸的事情。胡萨日夫斯基，这位奥地利皇室的高级侍从，与维也纳的音乐界人士非常熟，他听过肖邦的演奏后，非常热情地邀请他到自己的家里做客，并希望与他共进午餐。当肖邦应邀进入餐厅时，他才发现这不是一次普通的宴会。

　　胡萨日夫斯基给在座的人作了一个简短的自我介绍。

　　"你觉得维也纳怎么样，弗里德里克？"一名中年男子温和地问，并操着一口漂亮的维也纳口音。肖邦使劲地点了点头。

"你最好尽快开一场音乐会，不然你会后悔的。"68 岁高龄的斯特雷舍尔用沙哑的嗓音想要说服肖邦，肖邦这才听说他是维也纳著名管风琴和钢琴公司的老板。格拉夫坐在桌子的另一边，正在用餐巾擦着他那漂亮的胡须，一边喝着红酒一边喊道："弗里德里克先生，只要您想走上舞台，一定会有一架完美的钢琴，就像一个美丽的少女在灯光下等着你。"

胡萨日夫斯基为防止维也纳工厂的老板和他的宿敌斯特雷舍尔产生不愉快的争吵，他聪明地岔开话题，向肖邦表示祝贺，祝他在维也纳度过愉快的时光。

凡是听过肖邦演奏的人都强烈地希望他能开一场音乐会。后来，他在给朋友的一封信中写道："维也纳把我征服了，我被它迷住了，在过去的半个月里，我没有接到过任何一封家信，但却从来没有想过家。"他很享受这里浓郁的音乐文化气息，并且这里的人都是从小听着绚丽的音乐长大的，他们很懂音乐。

维尔费尔是华沙音乐学院的一名钢琴、手风琴教师，他告诉肖邦，要使一首新的作品大放异彩，就得把它公之于众。现在到了这里，新作品即将问世，维也纳的观众对新的音乐充满了渴求，这正是一个千载难逢的好时机。

班齐赫舒，这位维也纳著名小提琴演奏家是贝多芬多年的挚友，同时也是一位弦乐四重奏乐团的创办人。他严肃地告诉肖邦，尽管他已决定不再举办四重奏音乐会，但还是会尽力为了肖邦重新安排一次。

肖邦被他的慷慨大方所打动，他认为如果不进行公开演出的话，他将遗憾终生。

肖邦在哈斯林格家中结识了本地的一位新闻记者勃拉海特卡，他的女儿列奥波迪也是一位颇有名望的钢琴演奏家。

勃拉海特卡毫不掩饰对肖邦《伸出你的玉手》主题变奏曲的喜爱。他和哈斯林格得知肖邦同意在公众场合演奏感到非常高兴。所有人都提议在肖邦的音乐会上，应该用格拉夫工厂生产的钢琴，这家钢琴的琴色优美柔和，材质和音质都很好。虽然肖邦也非常认同这个观点，但善良的他觉得这么做会对不起刚才那位钢琴制造厂主——68 岁的斯特雷舍尔，他那沙哑的声音太让人难以拒绝了。

维尔费尔教授给出了具体的方案：首先他建议肖邦公演的时候可以先演奏要出版的变奏曲，吸引听众；然后再演奏具有强烈民族风格的《F 大调克拉科维亚克回旋曲》，征服听众；最后再根据听众的需要现场即兴弹奏，回馈听众。肖邦一开始认为这是个好主意，可是他冷静下来后又有些胆怯和犹豫，他不确定自己能否获得成功。可是能在维也纳开一场音乐会的确让人难以拒绝，最终这种内心的渴望给了他勇气。

新闻记者勃拉海特卡在关键时刻发挥了他的职业素养，其间他敏锐地捕捉到了肖邦心里的犹豫，竭力为肖邦打气。他相信，肖邦是一位出色的钢琴家，这次的演出将会引起一片欢呼，并且可以得到莫舍莱斯（波希米亚钢琴家）、黑尔茨（奥地利钢琴家）、卡尔克布雷纳（德国钢琴家）的肯定。

虽然这不是来自专业人士的评价，但对于缺乏信心的肖邦来说，这个鼓励正是他需要的。这位新闻记者给予的帮助不只停留在嘴上的夸赞，他还要把肖邦介绍给赛弗利耶德（剧院的乐队队长）和加伦贝尔格伯爵。

加伦贝尔格伯爵曾是凯尔涅托尔剧院的院长，同时也是维也纳舞剧的作曲家。虽然肖邦曾经观摩过几次这位伯爵的表演，但都是些乏善可陈的演出。

勃拉海特卡和加伦贝尔格伯爵谈妥了肖邦演出的条件。事实上他与伯爵私下说的是这位波兰少年在他的剧院里演出不收取任何费用。不知情的伯爵亲切地与肖邦握手，心想："不管他演出如何，我至少是不会亏本的。"

1829 年 8 月 8 日晚上，肖邦在凯尔涅托尔剧院的入口处，有幸见到了沃伊切赫·吉洛维茨（捷克作曲家）。几年前，吉洛维茨创作的一首钢琴协奏曲的首演就是由 8 岁的肖邦完成的。意外相见的惊喜让两人的谈话停不下来，加伦贝尔格伯爵从剧场里走出来，热情地向两人打着招呼，微笑着说："我们的天才，你看下周二公开演出怎么样？""嗯，好吧。"肖邦想了一下，轻轻地点了点头。

维尔费尔教授自告奋勇地担负起一切相关的准备工作，因为他是整个音乐会乐团的指挥。肖邦的师哥尼德茨基恰巧也在维也纳。他也是一位毕业于华沙国立音乐学院的音乐家，并且也是埃尔斯纳的学生，这段时间他赶来帮助肖邦。

维尔费尔教授帮助肖邦确定了演出的清单。有韦尔特海姆小姐的独唱、一部最近受欢迎的舞剧、贝多芬《普罗米修斯》的序曲，肖邦的节目穿插其中。

演出当天的上午，肖邦与乐队按照计划进行简单排练。肖邦从来没有与乐队合作过，他以往的演出都是独自进行，他不清楚与乐队配合的专业标准和要求是什么，也不知道如何与其形成默契。乐队的队员们都板着脸，时不时地念叨几句：

"这是什么乐段？我演出了这么久从来没见过这样看不懂的东西，如果这也可以称之为音乐的话，这一定是从外星来的音乐。"

"好了，好了。大家还是抓紧时间排练吧，时间不等人，晚上就要演出了。"维尔费尔好几次停下飞舞的指挥棒，尽量安抚大家烦躁的情绪。

肖邦听到大家的牢骚和埋怨心里也不开心，在他看来，他们是因为他初来乍到而刁难他。幸亏有他的师哥尼德茨基陪着他，给了他一些安慰。

维尔费尔擦了擦额头上的汗水，终于把一首乐曲排练完了，可是接下来的事情就没有那么好解决了。乐师们吵吵嚷嚷地说《F大调克拉科维亚克回旋曲》的乐谱他们听不懂，更严重的是他们拒绝排练，而且还把自己的乐器扔在一边。肖邦心里很窝火，虽然他写的总谱没有钢琴部分的乐谱整洁、清晰，偶尔还因为他的创作灵感太过飘忽不定使旋律没有那么连贯，也许还有些休止符使用不当，但他却十分满意自己的作品。听见大家的吵闹，再看到他们拒绝排练，他只好耐着性子，拿着总谱挨个解释，可乐队成员们都转过身去，没人理他。他气得拂袖而去，大声说道："很好，我不演了！"

尼德茨基和维尔费尔等人赶紧过来劝说并耐心周旋，最后肖邦同意把《F大调克拉科维亚克回旋曲》换成一首即兴演奏。尼德茨基帮忙把另一首乐曲的总谱修改好，并在今晚演出之前送过来。

虽然彩排的事情让大家心里很不痛快，但是加伦贝尔格伯爵却对此不以为意，他对肖邦说："别把这些小事放在心上，我相信你的实力，而且我相信维也纳的听众们也一定和我有相同的审美，他们会喜欢你的作品。"这时剧院的舞台经理也走过来礼貌而绅士地说一些鼓励的话："请您放心好了，我已经和乐师们谈过了，您晚上不用紧张，一切都会顺利的。"

晚上，在维也纳的暮色中，肖邦人生中第一次的专业演出即将开始，凯尔涅托尔剧院记载了他的风采。绚丽的舞台上响起了贝多芬雄厚的《普罗米修斯变奏曲》的序曲。剧院里座无虚席，肖邦的几个华沙朋友已经坐在剧院的四个重要位置上，帮他探听听众的真实反馈。尼德茨基和维尔费尔不时地安慰着紧张不安的肖邦，剧院的经理在后面鼓励肖邦，说有几个大人物来了。肖邦喝下热心的舞蹈演员带来的糖水，此刻他平静了很多。一曲终了，该肖邦上场了，他轻轻地走上舞台，向台下的听众鞠了一躬，然后坐到三角钢琴前。或许是因为上午的排练让他内心愤怒，他把这份力量都用在了演奏上。维尔费尔的安排还是很用心的，他把贝多芬的序曲安排在今晚音乐会的第一个节目，就是要把整场晚会定下浪漫、热情、富有变幻色彩的音乐基调，女高音韦尔特海姆小姐唱的咏叹调则给人无限遐想的浪漫情调。

　　如果说这些作品为维也纳听众沉浸在追忆和重温蓝色梦幻之中作了层层铺垫，那么就更能衬托出肖邦钢琴乐曲中鲜明个性的音乐语言——自由抒情之美。肖邦弹奏着黑白琴键，营造出一种崇高、典雅、闪烁着青春光辉的意境，传达出对人生的美好期待，也反映了现代人对爱情的向往。肖邦优雅而华丽的艺术手法，使旋律充满了波兰的民族气息，把美丽的自然景象与厚重的历史文化联系在一起。

　　在他的钢琴声中，自由的天使在蔚蓝的天空下翱翔，在水潭旁的树林中回荡着缠绵的恋人歌声。在克拉科维亚克的欢乐旋律中，一双美丽而忧伤的大眼睛凝望着那片荒芜的田野。肖邦的演奏赢得了全场的一致好评，每当一首变奏曲结束，观众就会爆发出一片欢呼声，连乐队的伴奏也被感染了。乐曲结束后，台下的观众纷纷鼓掌，把肖邦感动得再一次站到台上表示感谢。在这个舞台上，波兰的天才受到了维也纳听众特别的致敬。肖邦在一封家信中感慨地说："演出这天真是曲折的一天。上午，因为和乐队合作的问题让我恼火，所以晚上一上台我就只顾着带着上午的怒气，完全忘了紧张这回事，我当时只想着豁出去了，所以比平时弹得更好、更富有感情。现在想想当时是有些冒险和激进的，没想到在舞台上获得那么好的效果，也或许是德国人善于表达和评价吧。""德国人"这个词，就是他对德国浪漫主义性格和天赋的一种理解。音乐会成功达到了高潮，报幕员身着燕尾服向听众宣布：今晚波兰的青年钢琴家并不打算演奏节目单上的曲目，可以让听众自由选取音乐的主题。让钢琴家即兴演奏是当时的潮流。听众中立刻响起了一阵骚动，有些听众给出了意见，希望运用到法国作曲家布瓦尔迪厄创作的《白衣夫人》主题曲，这是肖邦前几天才听过的曲子。肖邦把波兰民谣中婚礼仪式的轻松诙谐曲调运用到了《白衣夫人》中，现场的即兴演奏让观众产生了强烈的共鸣，有些人甚至在自己的座位上跟着音乐的节拍左右摇摆，还有些人手舞足蹈忘情地投入到音乐的氛围中。

这出乎意料、令人陶醉的戏剧效果，激起了一轮更加热烈的掌声，甚至用狂热来形容也不为过。就连那些原先表情呆滞的乐队成员们，也被这一幕感动了，纷纷站起身来鼓掌。肖邦再一次向观众表达真挚的感谢。走到后台，大家都拍着他的肩膀表示祝贺，他的好朋友们也冲入后台跟他说着听众对他的崇拜。

谦虚的肖邦对这场演出的成功认为只是运气好而已。有位长者用意味深长的口吻对他说："如果一个人按照既定的计划去做，那么他就一事无成，必须给自己留下点什么，让命运来决定。"

社会上对肖邦的赞扬一波接着一波，当然赞扬的同时也少不了批评的声音。一家地方报纸称："波兰钢琴家的手指柔韧而纤细，却没有大师的那种华丽声势。看似优雅、细腻的琴声，却让他的乐曲变得更加沉闷。听众只是习惯了激情的演奏风格，偶尔换成浪漫主义的风格他们就觉得是珍馐美味一般。"肖邦听到此话，在给父母的信中写道："他们说我的弹奏方式太过软弱，甚至说太轻柔了，我宁可听到这种责备，也不愿意听到别人说我的弹奏太重。"

没过几天，肖邦决定在 8 月 18 日举办他的第二次公开演出。他觉得这是一件关乎他个人名誉的事情，势必要办，他要让大家知道，他不怕，不畏惧各种各样的批评。对这件事最感兴趣的当然是加伦贝尔格伯爵，因为这样一来，他的听众比以前多了，更重要的是肖邦还是免费演出。

不出意料，这场音乐会再一次获得巨大的成功，观众蜂拥而至，对肖邦的演奏赞不绝口，而这正是肖邦"决心"的胜利。胜利的喜悦没有让肖邦冲昏头脑，他没有过多留恋，对维也纳朋友们的盛情挽留婉言谢绝。他已经订好了明天返程的马车，不过他也不是一无所获，他带了六份新的介绍信，打算在经过布拉格、德累斯顿等地时，拜访一下知名的音乐家。维也纳之行，肖邦似乎成熟了不少，他一边享受着这次的胜利，一边总结道："我不可能赢得每一位听众的芳心，世界上没有不受批评的人。"

米柯瓦伊把满载而归的儿子抱在怀里，一家人享受着计划圆满实现的欢乐。数月之后，《大众音乐报》发表了一篇关于肖邦访问维也纳的精彩言论：

华沙的肖邦先生是一位顶级的钢琴大师，他的指尖非常柔软，他的手指也非常灵巧。他对音乐的精妙运用，显示出他深厚的感情。他的演出充满了浪漫色彩，他是一位天才演奏家，是一颗正在冉冉升起的新星。

浪漫的邂逅

梦里，一位少女在浓雾中身穿白衣漫步丛林，她时而回首张望，时而引吭高歌，时而翩翩起舞。这位美丽的少女肤色白皙，金发碧眼，她的形象在肖邦的梦里挥之不去，迷迷糊糊之间，似梦非梦，导致他整夜辗转反侧。

自从 1829 年春肖邦第一次看见她登上舞台，就一直在远处注视着她。她的一只眼睛戴着眼罩，这种朦胧的感觉似乎增加了她的神秘感。自从听到她的声音，他感受到了一种久违的亲切感。他努力把她那动人的歌声听得清清楚楚，就像一串串透明的葡萄，包裹在甜美的果汁里，一小口一小口地咀嚼品味，简直是无法形容的美妙。最初他只是感觉心中有些异样，后来他才发现自己爱上了这个歌声，爱上了这位少女。但他不敢主动向她示好，也不敢向他的朋友们表露自己的这份感情，甚至他和好朋友提及此事时也不愿意坦露她的姓名，只是称其为"意中人"。

自从有了意中人，肖邦的整颗心都被她占据了。他总是在远处望着她走进音乐学院的歌剧班，只是这样远远地目送她就已经让他得到满足。他不曾和她交谈过，甚至连一次眼神的对视都没有发生过。他满心欢喜期待着有哪位好友能给他介绍一下这位意中人，可他内心的秘密却无人知晓。

每当他看见年轻人向她献殷勤，或邀请她共舞一曲的时候，他就感觉极其懊恼。再看见他们拉着她的手高声欢笑，或是在舞池中翩翩起舞，他就觉得自己的喉咙被一把尖刀慢慢划过。肖邦很难过，他几乎要尖叫起来，想把所有的乐谱都撕碎，把黑白琴键敲得啪啪作响。

在经历一场狂风暴雨般的思念之后，他又重新进入了梦境，追随她的歌声，用自己的想象力描绘出自然界的五颜六色，表达出对爱情的向往和渴望。月光下，溪水潺潺，夜莺鸣叫，树叶在夜风中沙沙作响，浪漫的小夜曲充满了真挚的情感，一对儿快乐的情侣在宁静和舒适的氛围中互相倾诉心声。他们情不自禁地牵着手，在欢乐的玛祖卡音乐中翩翩起舞。周围的人们都在鼓掌，或吹着口哨，整齐的踩脚声咚咚作响，舞蹈的节奏越来越快，美丽的"伊甸园"上空，一道道欢呼声从远处传来。

肖邦徜徉在自己想象的世界里，很快就完成了《F小调第二钢琴协奏曲》的创作，这是他首次将大型交响乐融入其中。从维也纳回来以后，他在给好友蒂图斯·沃伊切霍夫斯基的信中写道："我有一个意中人，我对她忠心耿耿，矢志不渝。她进入了我的梦，每日对她的思念让我产生了协奏曲那缓慢的节奏感，今天早晨，她又给了我圆舞曲的灵感。"

爱有一种奇妙的魔力，可以将他内心深处的痛苦和悲伤转化为创作的火焰。这是一部著名的协奏曲，它由三个乐章组成，富有浪漫的幻想色彩。在这幅"康斯坦契娅的音乐肖像画"中，第二乐章倾注了他对"意中人"的真情。乐章的基本主题是在一支弦乐器组和一支木管乐器组之间简短的对话后，通过钢琴演奏，把对爱的渴望表达得淋漓尽致。李斯特——"钢琴之王"将其视为完美的作品。

这位女孩名叫康斯坦契娅·格瓦特科夫斯卡，和肖邦同岁，是一位千金小姐。她在音乐学院就读期间，被波兰歌剧院聘为歌剧演员。她具有杰出的才能，享有国家级奖学金。

　　肖邦虽然是个木讷的人，但他却经常吸引一些聪明又漂亮的女孩。在少女的眼里，他是一个充满浪漫气息的青年，她们往往会把一些浪漫故事和他的音乐才华结合在一起，似乎这才能让他成为真正的音乐天才。但在他的音乐世界里，这里就像是一座纯净的爱情天堂，不需要夸张的浪漫故事。他越想念和爱慕康斯坦契娅，就越需要用钢琴来表达自己的感情。

　　青春年华带给每个人的除了事业还有爱情。原本珍贵的每一天，都在青春的焦躁不安中让每一刻变得无比漫长。米柯瓦伊夫妇注意到了他的忧郁，他们询问他要不要去柏林旅行演出，得到的却是无声的回答。

　　幸运的是，那时拉季维乌亲王邀请肖邦到他的乡村别墅庄园住上一段时间，肖邦被亲王的关心和热情所感动，欣然应邀。肖邦受到了亲王一家人的热烈欢迎，就像是一位久别重逢的老朋友。

　　拉季维乌亲王新创作了一首《浮士德》，希望肖邦给出他的第一印象。肖邦的身边经常有两个公主陪伴，姐姐艾莉莎公主会给这个波兰青年画肖像画，妹妹万达公主会和肖邦一起弹奏自己创作的练习曲。这一次轻松的旅行，让肖邦有了新的想法。但是，他还是希望能和乐团一起工作，因为维也纳那场不愉快的彩排，在他心里始终是个疙瘩。

12月19日，华沙商务大厅举办了一场音乐会，肖邦也登上了舞台，但他是给一名男高音伴奏。

那天晚上，肖邦心情很好，他大胆把自己的感情世界告诉了大家。晚会的主持人兴高采烈地宣布最后一幕：肖邦现场即兴演奏一支著名的波兰舞曲。几天之后，《华沙信使报》严肃地告知读者，肖邦是一位年轻的波兰作曲家，但他的作品有一种"天才的烙印"，希望他能举办一场音乐会，让整个欧洲都知道，波兰也可以培养出如此伟大的人才。

肖邦或许是首次被授予"伟大"这个称号，但这也给肖邦带来了一种无形的压力，这个压力让肖邦决定去请国家歌剧院的管弦乐队。"你是想让乐队到我们家来彩排？"米柯瓦伊夫妇听到儿子的想法后大吃一惊，但当他们听到他那真挚的请求时，他们就静下心来，开始考虑这个大胆计划的每个细节。经过几次会谈，再加上一些热心人士的帮助，国家歌剧院的总指挥库尔平斯基终于同意了。得到这个好消息后，肖邦回到房间用轻柔的琴声诉说着他内心的快乐。米柯瓦伊以为这只是一次简单的乐队排练，但实际上，几乎所有音乐学院的同学们都知道，他是为了打破暗恋，希望和康斯坦契娅有近距离的交流。

1830年2月7日，米柯瓦伊一家非常开心地接待了一支受邀而来的乐队，许多老朋友也都来了，其中不乏一些相互熟识的音乐评论家。肖邦的《F小调第二钢琴协奏曲》和乐团的合作非常融洽，比在维也纳演出时的表现要好得多。他非常感谢尼德茨基在维也纳时给予的帮助。

试演很成功，新闻界的朋友们再一次要求肖邦把公演办好。但是，这个年轻的钢琴家还是希望做好充分的准备，以使自己的表现更加完美。

3月3日，米柯瓦伊的起居室里挤满了客人，有些是新来的，有些是闻讯赶来的，有些则是对报纸上的赞美表示怀疑而来的。指挥家库尔平斯基是个干练的人，这使肖邦的信心大增，不久便沉醉于那纯洁、浪漫的乐曲中。客厅响起了悠扬的第一乐章主题，有几个音乐界的朋友一听就知道这是沿用了古典协奏曲传统的双呈示部结构，但又不得不钦佩作曲家创造的优雅、崇高的意境，整首乐曲闪烁着青春的光辉，他们对这首作品充满了敬意。随后，乐曲用一种平静的、抒情的语调，把康斯坦契娅的形象表现了出来。钢琴上装饰音的丰富变化，显示了肖邦在拓展表达方式上的大胆创新，而背景音乐则带有一丝神秘的气氛，配合着钢琴抒情的旋律，渐渐将情感推向了高潮。优秀的创意和完美的演奏征服了那些挑剔的客人，他们忍不住起身，对着肖邦热情地鼓掌。埃尔斯纳也为学生取得巨大的成就而自豪，他在人群中聆听着嘉宾们对肖邦的赞美之词。老瑞夫尼热泪盈眶，恨不得从人群中挤出来给肖邦一个大大的拥抱。米柯瓦伊夫妇不断地向大家道谢，脸上带着微笑，接受人们最美好的祝愿。演奏结束后，肖邦虽然感到疲倦、无力，但一种快乐的感觉此时涌上心头，他站起身来，把手伸到管弦乐队指挥库尔平斯基面前，对他表示了感谢。但遗憾的是，康斯坦契娅没有来听他的音乐会。

肖邦的名声在媒体的争相报道中如日中天，他被誉为"帕格尼尼风格的钢琴大师"以及"波兰的自豪"。华沙国家歌剧院即将举办的音乐会引起了许多音乐爱好者的兴趣，没过多长时间，近千张门票已经售罄。尽管肖邦已经举办了很多场音乐会，但是他还是头一次出现在自己国家歌剧院的舞台上，观众们一定会拿他和那些在华沙演奏过的外国音乐家进行对比，这就给肖邦这个本国的青年钢琴家带来了巨大压力。肖邦在 20 岁这年的春天自豪地登上了自己国家的舞台。他向观众望了一眼后在钢琴前礼貌地坐下。在此之前，乐团已经弹奏了一支由他的导师埃尔斯纳创作的序曲，现在轮到肖邦当故事的主人公，仿佛是在讲述一个关于老师和学生之间的故事。管弦乐队演奏了《F 小调第二钢琴协奏曲》的第一小节，接着肖邦演奏第一乐章。第二乐章是一支调皮的圆号小调，这是作曲家的独奏作品。观众听完两个不同风格的乐曲后便将注意力转移到《F 小调第二钢琴协奏曲》的后面两个乐章上，这种非连续性的音乐欣赏效果更加凸显。

音乐会的后半段，《A 大调波兰民歌幻想曲》就是肖邦和乐队合作的作品。这首曲子的主题激起了人们的爱国情怀，使人在绚丽、灿烂、抒情诗般的想象中，感受到民主、自由的幸福。

肖邦和乐队的成员都被雷鸣般的掌声所打动，不断地向观众深鞠躬。《华沙报》对肖邦的演奏给予了高度的赞扬，他们对这首作品的赞扬甚至盖过了他在音乐会上的表现。这首作品中具有波兰民族音乐的鲜明特点，在观众中引起了很大的共鸣。

《妇女信使报》在报道中特别提及：观众尤其喜欢以民谣为基础的作品，肖邦先生知道怎样将纯朴的民谣与他深刻的思想和优美的演奏结合起来。灵魂深处所隐藏的含义，就是波兰人民对入侵者的一致呼声。肖邦在这次音乐会中，无疑是一位伟大的爱国者代表，表达了人们长久以来被压制的爱国情绪。

肖邦在第二场音乐会开始前做了一个重要决定，他放弃了音质优美的钢琴，转而使用了一架维也纳钢琴，虽然它的音色没有那么柔美细腻，但是足够洪亮。听到肖邦同意他们的建议，那些激动的人恨不得立刻跑到音乐爱好者的家中把它搬走。

第一次公演后的第五天，第二场演出又一次大获成功。社会各界向肖邦献上了最好的赞美：老天赐给奥地利人莫扎特，如今又把肖邦赏赐给波兰。一名崇拜者甚至送来一首十四行诗，以颂扬肖邦。

还有人坚持要发行一大堆肖邦的画像，但是肖邦自己却坚决反对，因为他不想把自己的画像变成一张废纸，用来包面包或用作其他什么。虽然肖邦在音乐会上的两次成功，让他的年收入达到了5000兹罗提，但他并不想以此发财，也不想再经历紧张的排练了，因为至少三天的时间他都是在"地狱"中度过。

春风把华沙肮脏的泥土吹得干干净净，肖邦和康斯坦契娅终于可以手牵着手共舞。在一场舞会上，康斯坦契娅的朋友沃尔科娃目不转睛地看着他们充满艳羡，这是一件多么令人愉快的事，后来人们对这次化装舞会的大新闻津津乐道。康斯坦契娅对这个新近成名的年轻人充满了好感，和他合作，她能感到一种莫名的激动。不过，她也不敢把自己的心思坦露出来，再加上她的朋友沃尔科娃总和她形影不离，她不得不偷偷地看肖邦，并且下意识地远离他。

波兰国会即将举行盛大的议会，各种形式的文化活动正如火如荼地进行着。康斯坦契娅与沃尔科娃同时被选为新彩排的两位歌剧女演员。肖邦有幸给她们当伴奏，这是他梦寐以求的工作。

在看完康斯坦契娅的表演之后，他在写给朋友的一封信中，直言不讳地说："华丽的舞台，更能衬托出她的美丽。她的演出无与伦比，我无话可说。就歌唱而言，她的嗓音非常好，吐字清晰，只是偶尔几个音唱得不够完美，但你一定会爱上她的发音。在细节方面，她也是一等一的。一开始她的声音还有点发颤，但是到了后面，就能轻松驾驭自己的嗓音了。"

肖邦的音乐听力灵敏，可以很容易地分辨出细微的声音差异。他不会对她有太多的偏见，但足以见其蕴含的感情。

康斯坦契娅毫不避讳他那温柔的目光，害羞地把一条美丽的丝带送给了肖邦。肖邦将这份代表着爱的礼物放在了自己的胸口，等待着她的靠近。可是两个人之间的距离却越来越远。肖邦意识到了自己的缺点："如果我真的喜欢她的话，最多也就是让她在我心中默默多待几年。"

保持着这段若即若离的纯洁恋情，将自己裹在精心营造的浪漫氛围里，肖邦又创作了一首钢琴协奏曲《E 小调第一钢琴协奏曲》。由于这部协奏曲的出版时间比《F 小调第二钢琴协奏曲》早三年，因而迟写的这首被称为"第一钢琴协奏曲"，而后者则被称为"第二钢琴协奏曲"。在七个音调的序列上，"E"与"F"紧挨在一起，肖邦创作的这两首协奏曲也如同姊妹篇，都是对爱情的叙述和对幸福的憧憬，但《E 小调第一钢琴协奏曲》显然比《F 小调第二钢琴协奏曲》更加华美，技巧更加娴熟。

米柯瓦伊经常要把他从浪漫的幻想中拉回来，说服他去国外读书，这是他们家最近一段时间持续谈论的话题。但是肖邦总能找出一些理由来转移他们的注意力。他那副漫不经心的神态，让米柯瓦伊夫妇不得不更改计划。

这一年夏天，法国巴黎发生了一场革命，法国国王查理十世放弃自己的王位逃走了。欧洲的其他几个主要城市也被这次革命波及。巴黎革命的消息使米柯瓦伊夫妇忧心忡忡，他们害怕自己的孩子会被毁掉。肖邦的申请被推迟，现在还让人担心，他要为他的儿子筹集一大笔钱去国外，但却始终无法如愿。当肖邦偶然提到康斯坦契娅的时候，米柯瓦伊夫妇才明白，她是儿子不愿去国外的根本原因。米柯瓦伊意识到，用荣誉、征服之类的鼓励，是不会有任何结果的。他突然想到了帕格尼尼，在肖邦心中，他一直是一个崇高的目标与典范。肖邦猛地回过神来，他已经浪费了很多宝贵的时间，是时候开始为出国作准备了。

他有时候会扪心自问，想知道自己究竟在犹豫些什么。他在一封信中说道："我还在华沙，我不能确定离去的日子。我的离去，就是要把我的家乡永远遗忘。我觉得我会死，但是我如果死在一个陌生的地方，而不是我原来住的地方，那是一种悲哀。"肖邦的胡言乱语反映了他的懦弱，他担心在陌生的地方会想起她，担心再也见不到家人，见不到华沙的城堡，见不到维斯瓦河畔的薄雾。

秋高气爽的时候，秋风把他的意识也给吹醒了。他终于作出决定："9月29日以前，我要离开我的一切珍宝，到维也纳去，就让我永远思念吧……"后来他真的开始着手准备。但是到了10月15日，他还是没有离开。他告诉一起出发的好朋友蒂图斯："我新买的行李箱已经拿到了，衣服已经准备好了，乐谱已经整理齐全了。"他刚预订了一辆到维也纳的马车，但由于要在剧院召开他的送别音乐会，于是又取消了预订。在肖邦的真挚请求下，这场音乐会的组织者把康斯坦契娅和沃尔科娃请到了舞台上。他本人弹奏的是《E 小调第一钢琴协奏曲》和《A 大调波兰民歌幻想曲》，这是肖邦唯一一次和"意中人"合作演出自己的作品，也意味着他将永远怀念自己的家乡和家人。

康斯坦契娅很聪明，她了解《E 小调第一钢琴协奏曲》的两个主题，尤其是这一乐章的两个主题，充满了欢乐的气氛，这使康斯坦契娅想起了许多令人愉快的往事。带着强烈的情绪但又略带着哀伤，第二个主题很快进入，主题色彩逐渐变得更加明快，更加柔和。德国作曲家舒曼对这部作品给予了很高的评价，称它"耽于梦想、优雅、敏感、丰富、高尚"。康斯坦契娅似乎也察觉到了这场音乐会非比寻常，所以特意将自己打扮得漂漂亮亮。康斯坦契娅身穿洁白的长裙，在音乐会后半段上场。柔顺的头发上，点缀着几朵娇艳的玫瑰花，款款地登上了舞台。肖邦两眼放光，嘴唇都在颤抖，她就像是女神维纳斯。

康斯坦契娅今晚唱得很好，肖邦不需要努力分辨和评判她音调的准确度和节奏的标准度，他感觉到她就是在给他自己一个人歌唱。她的歌声引起了观众的欢呼，康斯坦契娅也高兴地笑起来。肖邦也被这令人兴奋的场景所感染，愉快地弹奏起《A 大调波兰民歌幻想曲》，脑海中除了"维纳斯"，再无其他。这是他第一次觉得自己和乐队的关系如此融洽，他对指挥索利瓦充满了感激之情，说道："如果不是您带着这本书回家，如果没有您的指导，我一定不会很快地弹奏出这首曲子！"

　　演出一结束，观众们的喝彩声和掌声就响了起来，经久不息。肖邦甚至不敢相信，他已经连续四次向观众道谢了。音乐会结束后，肖邦和康斯坦契娅走在萨克森公园的小路上，分别的时候，他和她交换了戒指。康斯坦契娅在肖邦离开华沙之前，在他的纪念册上留下了几行诗：

　　　转机已至，

　　　命运的道路你不得不前进，

　　　但即使你走到世界的尽头，

　　　回到波兰，

　　　你会发现爱情和友谊会为了你的王冠永远长存。

　　　你向朋友和家人道别，

　　　陌生人可能会尊重你，

　　　但是，没有一个人能比得上家乡人民对你的爱。

　　这是一首非常有感情的诗歌，肖邦把它珍藏了起来。一年以后，康斯坦契娅和一位穷追不舍的富家公子结婚了。肖邦早已听说过这个富家公子的名字，但是他并没有再去追求康斯坦契娅，肖邦对这段美丽的爱情悲剧负有一定的责任。

　　康斯坦契娅的生活也不顺利，她选择放弃音乐，很明显，她是为了忘记自己的初恋。在乡村安顿下来后，她就成了五个小孩的妈妈。35 岁的时候，不幸丧失了视力，之后在黑暗中度过了四十年。肖邦在国外生活期间，偶然间读到这首诗，他便在第二段的末尾添加了一句："只有你比得上。"

第四章 1830—1832

创作巅峰

离开华沙

离开华沙的路上，肖邦远远地看见音乐学院的院长与学生们像白杨一样矗立着。马车靠近他们后，肖邦跳下马车，只见院长埃尔斯纳抬起手臂挥舞，这些学生们就深情地唱了起来："就算你在异国他乡，你的心也会永远与我们相会。"这是院长为了肖邦而刚刚创作的告别之歌。肖邦的脸上带着一丝勉强的笑容，更像是在哭。这一次离开华沙，我还能回来吗？肖邦很久以前就有过这样的疑问，但他无法得到答案，后来残酷的事实证明了他的疑问。1830 年深秋，20 岁的弗里德里克·肖邦从此再没有回过家乡。

莫里斯·布朗曾经列举过肖邦在国外创作的乐曲，包括与乐队的合奏曲、练习曲、玛祖卡、夜曲等。他短暂的生命历程也因此被清晰地划出了一条界限：在华沙，他沉迷幻想，散发青春的魅力；离开华沙，"生活"成了他的创作基调。在优雅、崇高的意境中，却饱含着悲剧的情感，这是他作品中最真实的特征，这一点，足以让他跻身欧洲音乐界的大师之列。贝多芬自由、崇高的美，巴赫宁静、虔诚的美，以及肖邦忧郁、浪漫的美，都是不同标准下的审美判断。

卡利茨，波兰和奥地利交界的地方，在这里，肖邦很高兴见到了他最好的朋友蒂图斯。他们商量了好久，最终蒂图斯答应和肖邦一起到维也纳去。

在经过沃洛克罗夫、德累斯顿和布拉格的时候，两个年轻人都在忙着提交介绍信、听歌剧、参观城里的画展。肖邦应邀参加本地的一场音乐会，打算让好友蒂图斯听听他在华沙国家剧院成名后的演出，并观察观众们的反应。然而，观众们的反应却出乎肖邦的意料。乐队指挥为了缓解这种窘境，走到肖邦面前，给予些许安慰。肖邦对这次演出的失望并没有立即打消他继续出行的想法，接下来的几天，他们仍然沉浸在欣赏歌剧的氛围中。

德累斯顿生活着很多波兰人，有些甚至是显赫的世袭贵族，他们和罗马王室、米兰王室都有血缘关系。肖邦的到来，让波兰的这些旧贵族们非常高兴，毕竟他是他们国家的骄傲。

肖邦在何玛尔伯爵夫人家中见到了夫人的女儿戴尔芬娜·波托茨卡。她也是波兰人，比肖邦大三岁，她在 18 岁的年纪嫁给了一位贵族子弟，然而他们的婚姻并不幸福。现在，她和肖邦成了最亲密的朋友。

11 月 22 日，当马车带着风尘仆仆的肖邦抵达维也纳时，他脑海中清晰地浮现出一年以前在这儿赢得观众热烈追捧的情景。不过，这两个波兰青年很快就被泼了一盆冷水。肖邦的一位银行家朋友说，如今在维也纳举行音乐会可不是件容易的事。肖邦大吃一惊，带着蒂图斯走出了银行，手里还拿着一张支票。他们不得不四处奔走寻找住的地方。

"夫人，您好。"他们那明显的波兰口音使伯爵夫人的脸上流露出一丝得意的神色。她对这个波兰人很有好感，因为她曾经听说过弗里德里克·肖邦。在她的楼上，有一位租户——英国海军上将，他要搬家了，可时间还没有定下来。

肖邦和蒂图斯都对这个房子很满意，他们想要的就是这间布置高雅且得当的房子。在原住户搬走之前，肖邦每天下午都要到钢琴制造商格拉夫那儿练习。格拉夫很乐意有肖邦这样的青年钢琴家来当"宣传员"，并且很爽快地把一架新的钢琴借给肖邦用，这架钢琴迅速地被送到了伯爵夫人公寓的客厅里。

很明显，格拉夫希望肖邦能像上次一样，重新使用他的钢琴，但事情往往不会按照人们的预期发展。剧院的经理加伦贝尔格，曾经是肖邦的忠实拥护者，现在已经被解雇了，取而代之的是一名前芭蕾舞蹈家。他三言两语就把肖邦赶走了，他的眼里只有钱，任何事情都要按照金钱来评判。

维尔费尔卧病在床，日子过得很艰难，就算咳出鲜血，他仍然坚持教学。虽然他见到肖邦一开口就提开音乐会的事情，并且滔滔不绝，但肖邦还是劝说他要先保重身体，其他事情可以从长计议。肖邦看到师兄的现状不忍再劳累他的身体了。

肖邦和蒂图斯带着侥幸心理敲响了哈斯林格的房门。对于变奏曲的酬劳，哈斯林格表现得比较消极，并且暗自庆幸，肖邦可以免费为他创作一首新的作品。蒂图斯知道他要做什么，但肖邦还不知原委。蒂图斯一边安慰肖邦，一边焦急地用各种方法暗示肖邦。当肖邦意识到这一点的时候，哈斯林格已经使用了肖邦最近写的那首曲子，但同时表现出对肖邦作品的不屑。

肖邦在写给父母的信中愤怒地说道："哈斯林格认为他表现出对我作品的不看好，以为我会相信他的话，这样就会白白把它交给他呢。不过，免费的东西到此为止了，他这个混蛋，该给钱了！"

他们一直在奔波，音乐会还没筹备好，谁也不知道这几天他们是怎样度过的。肖邦突然接到了他父母的来信，心情变得大好甚至笑得很开心，好久没有这样笑过了，所以当天的午饭都吃得特别香。吃完饭，他迫不及待地向父母汇报这段时间以来自己遇到的各种境况："我们在主干道马克特大街上租了三个房间，尽管在第四层，但是家具精致美观，而且每个月的租金都很便宜……"第二天，蒂图斯和他一起搬到了伯爵夫人的公寓。

新家的舒适条件让肖邦得到了充足的睡眠，等他一觉醒来，蒂图斯不见了。他舒展了一下身体，哼唱着音乐，不紧不慢地洗漱、刮胡子。就在这时，一股寒风从门口吹了进来，随着寒风一起进来的还有蒂图斯。他气喘吁吁地说："华沙，革命了！"蒂图斯艰难地举起手中的报纸。这时肖邦满脸泡沫，手拿剃须刀惊讶地望着他。

报纸上的信息看起来杂乱无章，前后矛盾。街上的行人也是议论纷纷，难掩惶恐和惊慌。肖邦和蒂图斯在街上转悠了一天，也没有得到任何确切的消息，大部分都是一些令人毛骨悚然的流言，诸如"华沙正在着火""官员被'咔嚓'砍掉头颅""无政府主义蔓延到周边国家"等。

外面灯火通明，晚风带着冷雨拍打在窗户上。肖邦感冒了，一直在咳嗽，他的大鼻子又红又肿。"这可如何是好？"肖邦望着窗外，长叹一声。"回去！"蒂图斯突然站起来大吼一声。蒂图斯在波兰的庄园位于边境附近，很容易遭到抢劫，并且他们的朋友和同学也都有可能参与这场战争。

第二天，肖邦尽自己最大的努力也没能赶上马车，火车票也已经卖光了，他们不得不带着行李返回自己的住所。这时，一张令肖邦熟悉的信笺寄了过来。

"别回来！别回来！"父亲的信是仓促的，甚至有几个字是连在一起的，虽然简单地重复着，但他的口气是那么坚决，那么恳切。蒂图斯看了一眼，沉吟了一下："以后，你一定会有大成就的。"

肖邦知道他在说什么，他转头看了看自己的手。经过一晚上的交谈，肖邦认为，他的这双手必须用来回报国家。他帮着蒂图斯收拾东西，把他送到驿站，马车在寒风中驰骋，天空开始下起了鹅毛大雪。

肖邦走进自己的住处，发现三间屋子都是空的，地板在他的脚下"咯吱"作响。他躺在床上，双目圆睁，不知所措。奥地利从《维也纳条约》的条款中获益，波兰大量的国土被瓜分，在那里，人们经常会听到战争带来的诅咒和怨恨。在写给朋友的一封信中，肖邦不断地责怪自己没有为祖国的独立与自由而战，他感到非常愧疚。肖邦经常梦见自己的家人，想念自己的"意中人"，他生怕给她写信会惹来许多意想不到的麻烦。因此，他请求他的朋友马图申斯基代表他向她表示对她的爱：

"你告诉她，只要我还有一丝力量……直到我死去，我的骨头也会被她踩在脚下。如果我不是怕这封信落入他人之手，会损害她的名声，我就不会这么痛苦了。所以，你最好当我的翻译，替我跟她说一声，她会答应的。"

新年前夕，肖邦一个人从家里出来，慢慢地朝圣·斯切潘大教堂走去。大家不断地聚集在温暖的屋子里，人影越来越多，一盏盏烛火，就像幽灵在黑暗中游荡，而肖邦却站在阴暗的走廊上，默默地为国家美好的未来而祈祷。

再见，维也纳

"蒂图斯离开之后，一大堆麻烦围绕着我。无数的宴会、聚会、音乐会、舞会让我感到无聊。我在这儿是如此凄凉，如此悲哀，如此忧伤。"肖邦没人可以倾诉，只能把心中所有的情感都写在信纸上。

他想要举办音乐会的意愿愈来愈难以实现。有时剧院的经理对他的免费演出还能表示几分兴趣，但是一谈到酬劳，他就立刻变得冷淡起来。一位好朋友告诉他，在维也纳，贝多芬和舒伯特已经过时了，现在他们想要的音乐被轻柔的歌声所替代。肖邦仔细看了看，发现确实发生了变化，现在维也纳最流行的一种消遣方式，就是在一家大饭店里开音乐会，演奏华尔兹，观众们在下面吃饭。每次演奏完毕，都会响起雷鸣般的掌声。如果音乐家继续演奏一首轻快的歌剧选曲和舞蹈，观众就会更高兴。

这种程度的鉴赏力，和一年前相比，简直是天壤之别。肖邦的音乐作品也受到了不同出版商的冷眼，因为他们害怕赔钱。米柯瓦伊一家收到了儿子的来信，都以为他在维也纳的日子过得非常愉快。可是肖邦实在受不了这种单调的生活，于是他在信中写道：

"早上我被一个愚蠢的用人吵醒了，他为我送来了一杯咖啡。早餐我经常吃冷食，也会弹钢琴，差不多9点以后的大部分时间我都在弹钢琴。12点，一个很讨人喜欢的德国人来了，要是天气好的话，我想跟他一道到城里的山坡上走一走。要是他邀请我，我就到他家去吃晚饭，要是没人邀请，我们就一起到波希米亚女大厨餐厅，那儿有本地的年轻学生。吃完饭，我在一家最好的咖啡馆喝了一杯咖啡，然后去拜访朋友。傍晚回到家里，把头发梳好，穿上长筒袜，然后就去聚会了。直到晚上10点、11点，有时候12点钟才回到家里，继续弹琴、发呆、读书、睡觉。"

肖邦那张脸已经没有了一丝血色，一头长发梳得很好看，两边的鬓角也有了。要是以前有人在华沙见过他，一定会对现在的他大吃一惊。但是，他还没有忘记音乐，他一定要听一听歌剧或音乐会。他也与很多音乐界的名人交好，并对24岁捷克小提琴手斯拉维克的弹奏技艺赞不绝口："他能在一张弓弦上弹出近百个音，这是不可思议的，我从来没有听说过谁能胜任，只有帕格尼尼。"

他们成了好友，共同创作了《贝多芬主题变奏曲》。他演奏得越多，肖邦就越是钦佩他那深沉而真诚的情感，并且预测他会超越帕格尼尼。但斯拉维克两年后却不幸离世了。

肖邦对维也纳的音乐家是很挑剔的。他赞扬歌剧院的女高音："她的嗓子很好，音高总是很准确，音调和滑音也都很纯净、温柔。"但同时，肖邦也批评她"演唱缺少感情"。

肖邦一想起自己遭到的冷落，便对那些有公开演出机会的人感到愤怒，并把他们称为"一帮平庸之辈"。他最不能忍受的就是有的人为了博得观众的欢心而改编波兰歌曲，对肖邦来说，这是对波兰音乐的亵渎。

1831年春，肖邦的情绪依然低落，梅尔克怂恿他去参加一场由名人赞助的音乐会。4月2日，《大众戏剧报》刊登了一份演出名单，上面写着"钢琴家"三个大字，后面是肖邦的名字。不是因为主办方要赞扬他，而是怕大众对他没有印象，因为他的名气比那些还不熟悉的音乐家还要小。肖邦对这些人的"失忆症"感到惊奇，并轻蔑地看着主办方。

他在日记里写道："报纸和广告上都说，我两天后要办一场音乐会，但是这场音乐会似乎永远也办不成。我想这不是我的原因，我不喜欢听奉承的话，那只会让我更傻，我宁愿死，可是我还想要见到我的父母。"发泄思念、忧郁和焦虑的最好方法就是在钢琴上演奏，在他所创造的音乐中寻求心灵上的慰藉。玛祖卡舞曲、圆舞曲、叙事曲以及波兰舞曲，至今还在他心中回荡。

他的作品充满了浪漫与残酷的现实，这是一种强烈的对比。他也在思考、观察、评判，甚至开始责怪自己以前的幼稚。"现在，我所见过的所有东西，都是那么过时，那么令人难以忍受，这使我想起了我没有好好地享受过快乐的日子。从前我认为很了不起的事情现在变成了平常的事情，而我以前认为平常的事情现在却变成了伟大的事情。"

理想和现实、意志和条件、生存和环境的种种因素，都是肖邦成长的动力，对他后来的音乐创作产生了深远的影响。

5月，一次出乎意料的惊喜，暂时平息了肖邦的不安。肖邦打算来到维也纳皇家图书馆，去看看他朋友收藏的古老乐曲。

肖邦在新收藏的书架上找到了一个写有"肖邦"字样的箱子。一开始，他以为这个名字拼写错了，因为一位法国作曲家的名字与"肖邦"的拼写相类似。肖邦从箱子里拿出一本厚厚的、装订得很好的乐谱，他确信这就是哈斯林格送给他的。肖邦摇了摇头："这些蠢东西，就不能好好找些我的作品吗？"很快，肖邦在阿洛依斯·福克斯的收藏中找到了他的作品，这是一首由两架钢琴弹奏的回旋曲。私人收藏家和皇家图书馆都意识到了肖邦的艺术潜力，这将为他们带来不同寻常的荣誉。肖邦那消瘦的身形又一次出现在维也纳凯尔涅托尔的舞台上，这个地方曾经是肖邦的成名之地，但是现在观众们却好像忘记了这个波兰青年。

虽然肖邦的《E小调第一钢琴协奏曲》充满了浪漫气息，但其中波兰的民族曲调却使听众感到不舒服，犹如在烈日下灼烧。最受欢迎的，是这次筹款音乐会最后一幕的芭蕾舞。或许听觉艺术很难让人浮想联翩，只有视觉艺术才更现实，更能让人心满意足。

一位知名记者一直很推崇肖邦，但非常遗憾的是，他和他的女儿却离开了这里，而其他记者对他的评价既不客观也不客气。比如《大众音乐报》的记者对《E小调第一钢琴协奏曲》的评价很低，说："这部严肃的作品并没有让观众们对肖邦的印象有所改观。"显然，这是一篇拙劣的报道。

肖邦在维也纳的最后一次音乐会后，对本地的乐评人不再抱有任何希望。然而，7月6日，一位著名的波兰诗人言辞激进地对肖邦说："你是波兰民歌的鼻祖，我相信你一定可以，你是波兰人民的作曲家，你会给你的才华创造无限的空间，你会得到很好的声誉。我希望你经常注重民族性，对，就是民族性。"

肖邦想起了和朋友们在华沙的一家小餐馆聚会的情景。"干杯！"这句话意味着莫里斯将希望寄托在了肖邦身上。如今，他们在华沙举起"武器"，向入侵者发起进攻，寄希望于肖邦将他的音乐天赋献给国家的独立与自由。维特维茨基远在华沙，尽管听不见肖邦弹奏的乐曲，但是他认为，"波兰人"这个普通而又崇高的名字，一定能让肖邦了解到生命的真谛。

尽管肖邦没有像维特维茨基所期望的那样创造出一部伟大的歌剧，也没有成为"波兰民歌的鼻祖"，但他对波兰民族的关注已经得到了历史的证实。肖邦每次收到从华沙寄来的信件，都会非常急迫，因为他很想知道自己的故乡发生了什么。他不愿把自己的痛苦告诉父母，怕他们承受不住，于是说："我很快乐，我不需要什么，我可以尽情地玩耍，永远不会寂寞。"事实上，他不能忍受在维也纳的冷落，他决定去巴黎。1831年早期，他曾说过："我会在一个月内到达巴黎，希望我能平静下来。"

他打定主意要离开，但烦琐的手续一直羁绊着他，连护照都在维也纳的警察局"失踪"了一段时间。肖邦为了不让人发现他要参加波兰的"流亡团体"，就不得不求助俄国大使馆的许可在伦敦逗留，因此他的护照上写着"从巴黎到伦敦"的字样，巴黎使馆只给了他一张入境签证。正因为这个，他向巴黎的一位朋友说道："我不过是个过客。"

7 月 20 日，肖邦乘坐一辆四轮马车前往德国慕尼黑。肖邦在去往慕尼黑的路上，偶然遇见了他的波兰同胞诺贝特·库尔梅尔斯基。库尔梅尔斯基比肖邦年长，他毕业于维也纳，正打算出国深造。

马车扬起了漫天的尘烟，渐渐远离了维也纳。

维也纳，再见。

家乡的战火

慕尼黑并非肖邦的理想乐园，慕尼黑爱乐协会为他举办了一场没有乐队伴奏的音乐会。他一个人坐在那里，独自演奏着美妙的《E 小调第一钢琴协奏曲》《A 大调波兰民歌幻想曲》，独自沉浸其中。

肖邦终于等到了父母的回信和汇款，他独自前往斯图加特，库尔梅尔斯基则乘坐一辆四轮马车前往柏林。9月8日，是一个悲伤的日子，华沙被沙皇俄国用鲜血染红了刀刃。肖邦听到这个噩耗，整个人都蒙了。他在斯图加特的一间酒店里，头脑中一片混乱，仿佛已经嗅到了华沙的鲜血，看见了燃烧的家乡。

也许我的姐妹们已经被这些坏蛋——沙皇俄国入侵者——给糟蹋了！帕斯凯维奇、莫吉廖夫，这些人想要占领华沙吗？沙皇俄国要称霸全球吗？

坟墓被踩得乱七八糟，成千上万具尸体横七竖八地躺在墓穴里。他们把这座城市给烧了！啊，我怎么就杀不了他们！啊，父亲，你老了，就等着这样的安慰吗？我的母亲，一个温柔、痛苦的母亲，你因为最小的女儿受到了沉重的打击，我怎么能眼睁睁地看着他们踩着她的尸体走进来欺负你呢？康斯坦契娅情况如何？太惨了！也许会落入入侵者手里！他们把她推来推去，扼住她的喉咙，折磨她，杀死她！哦，我的宝贝，请到我身边来，让我拭去你的泪水，我会用过往的记忆来治愈今日的伤痛。

"雅希和维卢希肯定是死在了防御工事里；我好像看到马采尔被捕；索温斯基，这个老实的家伙肯定落到了这些恶棍手里。天哪！你还活着，你居然没走！你居然不报复！你没有看到他们的罪恶吗？！"

他在日记中记录了令人不堪忍受的场景，受到了极大的折磨。他哭了，他恨得牙痒痒，他的心在滴血，他绝望地大叫：

"将来怎么办？天啊！"

他没有朋友，只有一架钢琴陪着他。

琴声温柔地抚慰着他的灵魂，痛苦、忧郁、怨恨在黑白琴键中倾泻而出。他弹奏出了痛苦的感觉，这是沙龙音乐所不能表达的。国家的利益最重要，个人的快乐和悲伤都是微不足道的。他不能专心作曲，脑海里乱七八糟的想法一起冒出来。他开始即兴演奏，用一种新的方式弹奏一首曲子，那是一种急促的"鼓声"，一种低沉的忧伤。忽然，他停止了演奏，拿起钢笔，快速地把自己的演奏记录下来。这就是著名的《C小调练习曲》，也就是后来所熟知的《革命练习曲》，记录了一位波兰青年在国外对自己国家的怀念和赞美。

有些人认为，在这样的激情下，创作是一个传奇。事实上，只对具体的时间、地点进行研究，往往会忽略肖邦在音乐上的一个重要转折点——从"乐"的浪漫到"悲"的忧郁；从轻柔的旋律、严肃的曲调，到充满悲剧色彩的风格。在他之后的作品中，出现了两种截然不同的风格。

他拥有满腔的爱国热情，有着为自由和民主而斗争的精神。他说过："如果可以的话，我要创作出一切能激起暴怒和愤恨的音符，一支因波兰国王杨·索别茨基三世在欧洲和土耳其的战争中夺回大量土地而声名鹊起的歌，萦绕在多瑙河沿岸的每个角落。"

另一方面，他不喜欢戴"面具"，因为他只有在钢琴上才能寻找到真实的感觉。但是，他的胆怯和懦弱，常常需要一双迷人而温柔的手来安慰，因为他是一个不能自立的人。一旦失去了友情和爱情，他就会失去理智，陷入一种可怕的情绪漩涡，被一双无形的黑手从黑白的琴键上拉下来。在他的音乐创作中，包含了大量的思想和情感，但没有一个明确的标题，很难分辨出来。然而，拥有"音乐耳朵"的人，却能从中感受到作品的主题——创作者的内心世界。

肖邦的思想和情感也在发生着变化，他对贵族的崇拜和憎恨，对暴力革命的支持和冷漠，对祖国的思念，对个人的伤感，对音乐的审美，对自由的追求，对社会的责任感，这些复杂的元素交织在一起，形成了肖邦不同时期的音乐审美形象。

肖邦没有时间考虑这个问题，他将继续他的音乐之旅。10月，肖邦抵达巴黎。说来也怪，米柯瓦伊从来没有让他到法国洛林乡村去看望他的亲人，而肖邦也从来没有向他提出过这样的请求，或者说，他压根儿就忘记了。肖邦对巴黎这个陌生的城市产生了一种全新的感觉。塞纳河岸上狭窄的街道挤满了熙熙攘攘的人群，店铺里也挤满了前来购物的人。

古老而沉重的大车"咕隆隆"地行驶着，商贩们大声地叫卖着粗俗的书籍，美丽的少女们则带着妩媚的微笑和过路的行人交谈。代表着政治立场的先生们身穿各色短上衣，公开表达了对失败的波兰人民的同情，并参与抗议法国国王路易·菲利普的游行，甚至还与警察起了冲突。

一直倍感压抑的肖邦，在这儿仿佛是第一次呼吸到自由民主的新鲜空气。在给朋友的一封信中，他激动地说道："巴黎真是个自由的地方，你可以尽情享受一切。你想笑就笑，想哭就哭，想做什么就做什么。没有人会在意你做什么，因为成千上万的人都在做着同样的事情。"不过，肖邦现在的情况并不好，他口袋里的那封介绍信究竟有多大用处，还是个未解之谜。肖邦不得不为自己的日常开销考虑。

著名的蒙马尔高地在波瓦索尼埃大街一栋大楼的最上面，肖邦在巴黎的时候就住在这儿。肖邦站在巴黎的底层，看着这座奇形怪状的城市，对它的印象逐渐发生了变化。他说："在这里，有最富足的生活，有最恶劣的行为，有最大的仁慈，也有最严重的罪孽。叫喊声、嘈杂声、肮脏声，简直令人无法想象。"

然而，肖邦终于可以松一口气了，因为巴黎有许多波兰贵族，他们在华沙陷落之后，被迫流放到了这个地方。出国以来，他已经很久没有说过波兰语了。同时，他也很想知道华沙发生的事情，他想在那里见到自己想念已久的家人和朋友。

库尔梅尔斯基离开柏林让他心生羡慕，在给他的信中这样写道："你的运气比我好，即将投入亲人的怀抱。可我呢，我也许再也见不到我的家人了。"自从他离开华沙以来，一系列不可思议的变化使他的精神受到了空前的打击。

在经历种种磨难之后，有时他感觉自己的血液在燃烧，而有时又感觉自己像是掉进了一个冰窖里。他时而踌躇、颓废，时而如孩童般激动，他在慢慢成长，却始终没有真正成长起来。他喜欢根据自己的意愿和爱好来生活，聪明、敏感、优柔寡断的性格在他的身上是那么的独特。他有时会逃避现实，回到天真的孩提时代。在写给朋友的信里，他说："我感觉过去的一切就像做梦一样，甚至不敢相信真实的世界，我们何时才可以面对面地坐在一起，回想过去。"

没有人能一直沉浸在过去美好的记忆里。

走上音乐精进之路

19世纪的巴黎是欧洲艺术的中心。肖邦曾说："这里有最好的音乐家和歌剧团体，我要在这里住三年。"在巴黎有欧洲最好的乐团：巴黎音乐学院乐团、法国皇家学院乐团，以及由罗西尼指挥的意大利交响乐团。杰出的作曲家有意大利的罗西尼、凯鲁比尼、约翰·胡梅尔、达尼埃尔·奥柏。

但是，肖邦急于摆脱困境，因为他的护照到期了，而手里只有一张从巴黎到伦敦的通行证。肖邦这时想起他有一份维也纳宫廷御医马尔法蒂大夫的推荐信。这封信是写给费尔迪南多·帕埃尔的，他是法国王室的宫廷音乐主管。肖邦对帕埃尔的作品《阿格涅斯》很熟悉，因为这部剧在华沙第一次上演时的女主角正是他的意中人——康斯坦契娅。

出生在意大利的帕埃尔此时已经 60 岁了，他在法国生活了很长一段时间，拿破仑很欣赏他，但他的性格很古怪，而且有些不近人情。肖邦别无选择，只得硬着头皮去见他。没想到帕埃尔的心情很好，他感兴趣地听着肖邦描述《阿格涅斯》在华沙上演的情况，并许诺要帮助这个波兰人。

负责办理居留手续的法国警官对帕埃尔表示了极大的敬意，他在报告的旁边用笔写了一行字，意思是允许弗里德里克·肖邦先生在法国继续工作。帕埃尔向巴黎的许多著名音乐家推荐了肖邦，他们中有些人的作品非常棒，让肖邦赞不绝口。

肖邦开心地给他的父母写信，告诉他们自己已经在巴黎安顿好了。米柯瓦伊在回信中热情地鼓励他，但他不敢相信，他的天才儿子会要求再学三年钢琴，师从德国钢琴家兼作曲家弗雷德里希·卡尔克布雷纳。

卡尔克布雷纳来自音乐世家，他是巴黎音乐学院的毕业生，1814 年曾在伦敦定居，后来在巴黎的普莱叶钢琴厂工作。他曾是欧洲最优秀的钢琴家，现在只有练习曲还保留着。他创造了许多新的训练手法，如用手指、手腕、左手等。他的著作《钢琴双手入门练习》，在肖邦到达巴黎之前就已经畅销全世界了。

肖邦很欣赏卡尔克布雷纳的演奏，赞叹道："虽然帕格尼尼已经达到了完美的境界，但卡尔克布雷纳可以和他相提并论，并且他的态度很平静，他的琴声很有魅力，他的音乐很有节奏，他的旋律很柔美，甚至他的每一个音符都很有技巧。他比车尔尼和我都要厉害。"

肖邦演奏完《E小调第一钢琴协奏曲》，卡尔克布雷纳大吃一惊，连忙向这个波兰人请教他作品的师承来源，肖邦告诉他是爱尔兰作曲家菲尔德。听到这个名字后他满意地点了点头。卡尔克布雷纳本想在这个年轻人面前表现一下，结果却不知道怎么弹错了一个音。卡尔克布雷纳的脸色变得通红，他不得不停止了弹奏。

这次的小插曲并没有影响他们之间的关系，卡尔克布雷纳建议肖邦跟他学习三年钢琴，那样就可以变成更加完美的音乐家。但他意识到，虽然肖邦还没有一个独立的演奏体系，却没有一个人能像他那样演奏，如果给予进一步指导，肖邦必会成为最优秀的钢琴家。肖邦被他打动了，希望做他的学生。米柯瓦伊读了他的信，吓了一跳，马上回复说："三年的时间，我是不能容忍的……我希望你能考虑一下，然后再作决定。"

埃尔斯纳在得知这个消息后，便警告自己的弟子们别被卡尔克布雷纳的傲慢给蒙蔽了。"他一听你的演奏，就能看出你要花多少时间来了解他的演奏方式，我相信，他只要跟你走得再近一些，会改变自己的看法。"这一切都在埃尔斯纳的意料之中，卡尔克布雷纳听到肖邦的第二遍演奏时，便诚实地说，不必再教他三年，只要肖邦肯跟着他好好学，就可以免除学费。肖邦很高兴，他甚至天真地相信，卡尔克布雷纳并不是嫉妒他的天赋，而是因为他的善意。

不管卡尔克布雷纳的目的是什么，他客观上还是指出了肖邦的不足之处——弹奏不够稳定，当他的灵感来时，他的表现就很好，反之就会差一些。这个评价比较准确。米柯瓦伊曾经告诉他："你的头脑要比你的手指勤奋，你比较倾向于创作而很少把自己的时间用在弹琴上。别人一天到晚都在练习钢琴，而你很少有时间练习其他人的作品。"

批评者们也认为，肖邦在演奏自己的作品时，可以说是出神入化，但是在弹奏别人的作品时，就没有那么流畅了。他是在用灵感控制琴键，用大脑弹奏，这就是肖邦的特质。其他音乐家，如李斯特、希勒、门德尔松，对肖邦的演奏方式却赞不绝口，听到他要拜师时，大家都惊呆了，表示不敢相信。而肖邦坚称，要想打好基础，就得好好学。但是，他永远也不会变成卡尔克布雷纳的翻版。肖邦这段时间的信件没有被保留下来，因此，他跟随卡尔克布雷纳的第一次求学生涯就成了一个谜。不过，他们师生之间的关系并没有持续多久，后来也不再谈及此事了。很明显，肖邦的天赋已经征服了这个骄傲的"老师"，如果继续跟着他学习，卡尔克布雷纳很有可能会被这个"学生"看出他的不足。

两人的师生关系虽然已经结束，但仍维持着友谊。肖邦将自己1833年出版的《E小调第一钢琴协奏曲》献给卡尔克布雷纳，而卡尔克布雷纳在他的《辉煌变奏曲》下也说明了这首作品的灵感来源于肖邦的《玛祖卡舞曲》，以此作为答谢。他们还打算在四架钢琴伴奏下进行二重奏，曲目是卡尔克布雷纳的《波洛奈兹舞曲》。

这件有趣的事情，正如埃尔斯纳对肖邦所说的那样："一个人不会长久地适应一种方法、一种风格、一种民族的品位。真正的美，不能是模仿，而是要根据自己的经验和高级的艺术技巧去体会。"

肖邦和李斯特、希勒、门德尔松这些音乐家们经常在一起进行艺术交流。他们会聊到很晚，有时还会在黑漆漆的、空无一人的街道上讨论。在一次奢华的沙龙中，肖邦坚持说，波兰的民族音乐，只有波兰人来演奏，才能使它的内涵真正得到发挥。

这个看法引发了争论，而解决他们争论的最好方法就是用钢琴弹奏来证明。第一个是李斯特，演奏了一首当时非常受欢迎的《波兰永不灭亡》进行曲。接着，希勒也弹奏起来——他的导师是莫扎特的弟子约翰·胡梅尔。两个人的演奏水平和对音乐的领悟各不相同，互相点头微笑，表示非常满意。但当肖邦的手指跳跃在琴键上的时候，笑声、口哨声、枪声、华沙的火光……大厅内一片寂静，没有一个人开口，也没有一个人鼓掌，所有人心中都只有一句话：波兰永远不会灭亡！李斯特和希勒都不得不承认，肖邦才是这次比赛的赢家。

埃尔斯纳在华沙的时候，一直为肖邦的前途忧心忡忡，并一直为他的音乐事业贡献着自己的力量。后来，他又在信中说："只要我还活着，我就会一直盼望着你的歌剧问世。这样做不但可以提高你的知名度，你的作品还可以对整个波兰的音乐艺术产生影响，并且它将永远鼓舞着波兰人民顽强不屈。"

第五章 1832—1838

浴火重生

革命练习曲

莫里斯·梅特林克曾经说过："我们绝大多数人的生活都远离血腥、哭泣与兵戈，因而人类的眼泪已经变得无声无息、无踪无迹，隐匿于心灵深处。"但是肖邦的人生却是苦难、生死与战争的结合体。他的妹妹艾米莉亚因为肺部疾病而早早过世，这给肖邦留下了很深的阴影，同样患有肺部疾病的肖邦总是被亲朋好友提醒"将衣领拉紧些，记得扣住大衣的扣子"。因此，肖邦身上的大衣总是穿得严丝合缝，不健康的身体抑制了太多欢乐和狂热的爱好，悲痛和失望占据了生活的大部分时间。肖邦还记得自己和妹妹前往普鲁士西里西亚的德鲁伊疗养的日子，艾米莉亚不止一次表现出对肖邦音乐才华的羡慕，在舞台上，肖邦是那么自信迷人，与钢琴完全融为一体，灯光聚成一束，照亮着坐在舞台中央的肖邦，从肖邦手指中流出的音乐汇聚成河流，让无数听众沉浸其中。艾米莉亚最终还是被病魔带走了。不久，肖邦的朋友马图申斯基也逝世了。1830 年 11 月 30 日，知心好友蒂图斯因为参加波兰起义也永久地离开了。死神似乎环绕在肖邦周围，不知道什么时候会对这个脸色苍白、体弱多病的小伙子下手，甚至在许多人心里已经默认肖邦"不会活很久"。尽管肖邦在身体上不太健康，但精神上却是勇敢的，他曾一万次在音乐梦想和为祖国而战两条路中选择了后者。在给父母的书信中反映出了他内心最真实的想法：

> 可怜的妈妈，我最爱的人！也许他们也在饿着肚子，没有能力买面包来挽救您正在流逝的生命，我这里有面包，但是我却不在您的身边，这又有什么用处呢。沙皇俄国肆无忌惮地迫害着兄弟姐妹的性命，只有我一个人，我什么也做不了，这不是狡辩，我只能用钢琴来表达我的呻吟、磨难和绝望，这是多么没用啊！上帝，答应我的请求吧。

肖邦将自己的情绪全部融入文字中，每一个字都透露着真情实感。

华沙革命在肖邦离开祖国不到一个月的时间内爆发了，远在国外的肖邦，无法掩饰内心的焦急，毅然决然要回到国内。九个月之后，肖邦终于踏上了回国的旅程。不幸的是，肖邦在回国的途中听到了起义失败的消息，军队用残酷的手段镇压了这场起义，华沙再一次沦陷。遭受现实重击的肖邦内心五味杂陈，愤怒和悲痛充斥着内心，一股无力感席卷全身。回到旅馆，肖邦的眼前不断浮现被血腥镇压的华沙同胞：在枪林弹雨中，华沙的起义者奋起反抗，血水将土地染成深红色，成千上万的起义者前仆后继，一拨倒下，另一拨继续战斗，即使全身是血，眼睛深红，心中的信仰依旧坚定。满天的火光似乎要烧毁起义者留下的痕迹，纵横的尸体被大火吞噬，耳边传来的是华沙城内撕心裂肺的哭喊声……这样的场景在肖邦的脑海中不断闪现，肖邦痛苦地闭上眼睛，心中似乎有只困兽在做最后的挣扎。这只困兽不停地撞击、翻腾，一颗心也随之剧烈地跳动，肖邦使劲用右手捂住胸口，只有这样，才能让激烈跳动的心暂时平静下来，但布满血丝的眼睛却隐藏不住他的坚毅。肖邦告诉自己，必须要做点什么。

肖邦在书桌前缓缓打开自己的日记本，提笔写道："上帝啊，你是真的存在吗？沙皇俄国所犯的罪恶难道还不够吗？为什么没有任何的惩罚降临在他们的身上？还是说你也是个沙皇俄国的鬼子！我只能在纸上发泄我的愤怒，除此之外什么也干不了，这些踏着成千上万尸体的军队要成为世界的统治者吗？我们这些心中向往和平的人只能被欺凌、屠杀，难道这才是世界的生存之道？在这里，我除了唉声叹气没有什么可以做的，赤手空拳，只能用音乐表达我的愤怒……"

肖邦用双手捂住自己的头，日记本上泼洒的墨汁诉说着他的不满和愤恨。突然，肖邦起身，大声宣告："波兰是绝对不会灭亡的！"随后肖邦将满腔的情感赋予音符上，悲愤之情给予了肖邦无限的创作灵感，手中的笔不停地在纸上移动，一个个音符跃然纸上，高低跳动的音符中蕴含着肖邦无限的情感，《革命练习曲》正是在这样的背景下诞生的。简单的音符被创作者赋予情感后，有了直击心灵的力量，曲谱已经不能困住它们，只有在肖邦的弹奏下，才能感受到这首钢琴曲中蕴藏的力量。

　　肖邦坐在钢琴前弹奏着这首曲子，旋律时而上扬时而下沉，急剧上扬的旋律像是猛兽发出的咆哮，这是猛兽受到威胁后的反抗，不会因为暂时的压迫而丧失斗志，悲伤愤懑的曲调里充满了坚毅刚强、不屈不挠的英雄气概，昂扬的曲调像是革命号角发出的争鸣，鼓舞着起义者抗争，在战场上冲锋陷阵。肖邦沉浸在琴谱中，左右手同时进行，曲调却截然不同，左手汹涌奔腾的旋律正是肖邦内心对华沙强烈的情感，右手刚毅的曲调则代表了波兰人民不屈不挠的呼声，乐曲的最后似乎能听到肖邦对祖国命运的叹息，对入侵者满腔的愤恨，以及对革命胜利的坚定信念。

　　一曲终了，肖邦的双手仍然停留在琴键之上，仰起的脖颈像是巨树的枝干，迸发着生机与活力，肖邦仍然沉浸在自己的情感中，久久不能平静。曲中传达的革命心声更像是肖邦的宣言："我愿意唱出一切因愤怒、抗争而被激发的声音，这让我的作品能成为战歌。战歌已绝响，但它们的回声仍荡漾在多瑙河两岸。"肖邦的精神一直处于高亢和激昂的状态，如此炽热地燃烧自己，就像是春蚕吐丝一般，即使知道自己最终的归宿是死亡，仍然义无反顾地履行着职责，不停地吐丝，直到成为蚕蛹。

　　听到这首钢琴曲的李斯特被深深触动，赞叹道："这首作品应该被纳入音乐会练习曲。"在李斯特看来，肖邦的练习曲不同于前人——只在乎技巧，以至于内容大多是枯燥和平庸的，而肖邦则更加注重音乐的内涵，让生活和音乐联系在一起，将内心的情感赋予在每个音符上。乐曲中的昂扬、气愤、悲伤以及对祖国永不灭亡信念的坚定，都是肖邦内心真实的写照。艺术来源于生活而高于生活，拥有丰富感情的音乐往往更能打动人心。

肖邦没有回到华沙，却启程去了法国，于1831年10月10日抵达巴黎。波兰的沦陷让肖邦长久以来为祖国而战的愿望落空，但是这段旅程却让他的音乐更富有感染力——他把自己的爱国热情、愤怒和英雄主义精神注入到了他的曲谱里。正如李斯特所说，这次旅程"决定了他的命运"。

最后的团聚

再次返回巴黎的肖邦，没有刚来时的意气风发，有的只是愤怒与颓然。并且当时法国的政局是动荡不安的，在经过1830年的"七月革命"后，新兴的布尔乔亚夺取了政权，那些保皇派和贵族始终压迫着平民，经常有游行示威活动。一些避难到巴黎的波兰难民也会偶尔高呼"波兰万岁"的口号。经历了几个月沉寂的肖邦，终于在1832年1月举办了本年度第一次音乐会，主要演奏曲目是《革命练习曲》。生活还要继续，虽然这次音乐会听众不多，收入也抵不了开支，但是却得到了当时音乐界的认可，实现了许多钢琴家的音乐梦想。他的好友李斯特说："我尤其表示钦佩，他说即使是最热烈的掌声，也不足以表示他心中的兴奋。肖邦成功地开辟了新的境界。"

在经过这次音乐会后，由于亡命到法国来的波兰人增多，当时政坛上存在对波兰的同情，也连带引起了巴黎人对波兰艺术的好感。不少波兰的作家开始把本国的诗歌译成法语，而肖邦由于出色的钢琴技艺，再经过一些贵族的介绍，很快踏进了法国的上流社会，并且成了不少学生的钢琴老师。这样的安稳生活给了他一个很好的音乐成长环境，也给了他不菲的收入。在条件允许的情况下，他还经常资助流亡到法国的贫困波兰人。

当时，凯鲁比尼、贝里尼、罗西尼、梅耶贝尔都生活在巴黎，李斯特，还有当年红极一时的演奏家也都在巴黎，因此肖邦的生活是充实且快乐的。在这儿，他的理想在他的努力下一步一步得以实现。他的钢琴演奏风格开始欢快起来，比起前几年的颓然，现在的他有了一名职业钢琴家的意气风发。

从1832年开始，肖邦度过了安稳的三年。在这三年里，他把华沙时期、维也纳时期，以及后面来到法国以后的作品陆续印刷出来，包括圆舞曲、回旋曲、钢琴三重奏、玛祖卡、夜曲和练习曲。

平静的生活直至 1835 年。那年的春天，一位逃亡到法国巴黎的波兰人在接受肖邦的资助后，偶然了解到曾与他一起逃亡的正是肖邦的父母—米柯瓦伊夫妇。他将这个消息告诉了肖邦，肖邦喜极而泣，彻夜未眠。这几天他高兴得像个孩子，因为这意味着他可以与家人团聚，可以听到父亲的关心与母亲的叨唠，便当即制订前往德国寻找父母的计划。经过几天的安排，肖邦带着希望和一些费用踏上了寻亲的路程。

他来到波兰与德国交界的地方，在这里的一个温泉浴场中，他终于与相隔十年没见的父母相见了。他们互相拥抱，倾情吐诉。米柯瓦伊夫妇跟肖邦讲述了这几年来的生活：由肖邦刚离开时的担心，再到华沙革命时家乡的战乱，还有远离家乡逃亡德国的辛酸。肖邦则告诉米柯瓦伊夫妇他的一路旅程：到了巴黎以后在当地不少朋友的帮助下，成功立足并有了一份收入不菲的工作，并且充分发挥了自己钢琴家的天赋。在这几年中，学习了很多，也进步了很多，并且自豪地说出了自己新创作的《革命练习曲》，说着当即演奏了这首曲子。米柯瓦伊夫妇在这首曲子中听到了肖邦当时的绝望与愤怒，他们也不禁回忆起华沙全城流血、亲友被杀、同胞被屠的惨不忍睹的画面，这不禁勾起了米柯瓦伊夫妇心中的悲伤。肖邦见此情景，也不再继续演奏，反而安慰起他们，并开始讲述自己的生活。接下来的几天里，他们畅聊了很多，也谈及了未来的形势与接下来的生活。他们决定，不再四处奔波，就在此地的温泉浴场安定下来，同时让肖邦勇敢地去追求自己的理想和发挥自己的天赋。因为这里有与肖邦家多年至交的伏秦斯基家，且住在离这不远的德累斯顿，两家人也可以互相照顾。

在互相陪伴了两个月后，肖邦和米柯瓦伊夫妇决定去往德累斯顿与伏秦斯基家联谊，促进彼此的感情。肖邦决定雇一辆马车，这样在路途中也可以舒服点儿，并且有时间与多年未见的父母聊天。于是在一个阳光明媚的清晨，他们踏上了前往德累斯顿的途程。在路上，他们欣赏着路边的美景，交谈着美好的回忆与对未来美好的期盼。这一路欢声笑语，就连路过的花朵也都笑脸相迎。不久后，他们来到了伏秦斯基家，初见面时，两家人都非常热情，并且在伏秦斯基家的强烈要求下，在晚上举行了一场聚会。晚上的聚会有不少美味的食物：牛排与羊排、新鲜的蔬菜沙拉。两家人在这美好的环境中，互相交流着这几年的变化，倾诉着深厚的感情。肖邦还见到了小时候的玩伴玛丽。此时的玛丽已经在绘画、钢琴、唱歌、作曲方面崭露头角，肖邦与玛丽经常交流有关音乐的事情。短短几天，两人就结下了深厚的友谊，成了好朋友，并且因为玛丽的出现，《F小调圆舞曲》诞生了。这首圆舞曲中有着絮絮叨叨的情话，也有断断续续的钟声，有车轮在石子路上碾过的声音，也有两人竭力压着的抽噎声，没错，这是一首有着特殊意义的曲子。

几天后，米柯瓦伊夫妇与肖邦道别了伏秦斯基家，踏上了回家的路程。到家后，肖邦就准备离开前往巴黎。肖邦原以为父母能与他一起前往巴黎生活，并且尝试说服他们，但是米柯瓦伊夫妇想法坚定，做好的决定不想更改。肖邦从一开始就不太希望父母在这儿，希望他们能跟着自己一起去巴黎，最后肖邦了解了父母不想麻烦他的良苦用心。不过，肖邦觉得自己还年轻，且父母年纪也不大，也是可以经常相见的，就同意了。后面因为巴黎音乐会的需要，肖邦立即踏上了回巴黎的旅程。除了留下路费，肖邦把钱都留给了父母，本想着之后不久又可以相聚，谁承想，这一别竟是永远，这一次聚会竟是最后一次聚会。

一个知音

1835 年，肖邦返回巴黎后，平静的生活一直延续到 1836 年7 月。肖邦在爱情生活中得到灵感，写出了《G 小调叙事曲》。这首曲子原本是歌唱伴奏曲，但是肖邦将其变成了钢琴曲，将原有的叙事性质和重唱形式都保留了下来，从曲调中可以听出肖邦借助古代的传说或故事，表达了心中的欢乐和痛苦。《肖邦传记》中加尼克斯说："《G 小调叙事曲》含有强烈的感情波动，充满着叹息、哭泣、抽噎和热情的冲动。"

　　肖邦在法国始终是演奏、教学两项轮流着来，也偶尔会去城外或者其他富贵人家的庄园游玩，当然都是为了寻找音乐灵感。1837 年 7 月，他一度求学到了伦敦，在伦敦图书馆住了几天，与伦敦的钢琴家们互相交流，随后又回到了巴黎。1838 年 2 月，他又去往伦敦求学。当他再次回到法国时，里昂城里有一个波兰教授在募捐，为此肖邦举办了一场音乐会。肖邦的好朋友勒格听说他要举办音乐会后，给肖邦写信说："你别再那么自私了，这次的音乐会肯定是你打的主意，把你美妙的天赋展示给大家，所有人都在争论谁是欧洲第一钢琴家，是李斯特还是塔尔堡，但是只要听到你的钢琴演奏，他们就会毫不犹豫地回答是肖邦！"同一时间，德国诗人海涅在杂志上刊文评论肖邦："波兰给了他骑士的心胸和离别的痛苦，法国给了他潇洒、温柔和风度，德国给了他幻想的深度，大自然给了他天才和一颗高尚的心。他不仅是一个大演奏家，同时也是一位诗人，他能够把自己灵魂深处的诗意传达给我们，他的演奏带给我们的享受是无法比拟的。那时他已不是波兰人，也不是法国人，更不是德国人，他的出身比这一切都要高贵，他是从莫扎特、拉斐尔、歌德的国土中来，他真正的家乡是诗的家乡！"

　　在里昂举办完音乐会后，肖邦为这次募捐带来了不少赞助，这些法郎基本上都花费在从波兰来的难民身上。据说在这次募捐中肖邦也拿了不少积蓄出来，要知道当时来到法国的波兰难民不计其数，肖邦作为波兰人，真正尽到了波兰人的责任。那段时间，他的收入也仅够他生活，帮助了难民后，肖邦又沉浸在音乐的世界中。在里昂的音乐教堂待了一个月后，肖邦为了寻找音乐的灵感，他决定去庄园走走。当时正值春天时节，梧桐树已生出嫩绿的枝叶。这些梧桐树在春雨中醒了过来，四处皆是鸟语，皆是花香。一路走来，仅是花朵的品种就有几十种，有丁香、玫瑰、蔷薇等。看到如此美景，肖邦便立即下了马车，打算在这乡间小路好好地游玩一番，并思索这些日子所弹过的钢琴曲。没有人会想到，在这个异国他乡的城市，在这个偏僻无人的乡间小路上，肖邦遇上了他一生的知音，一位女性作家——乔治·桑。

肖邦在这条小路上边走边想，聆听着乡间的鸟语，细嗅着路边的花香。肖邦闭上眼睛聆听享受，沉迷之际，突然听到"哎哟"一声，原来是肖邦太过认真没有看路，撞上了一位正匆匆行进的女人，肖邦急忙向她道歉。看见撒落到地上的蘑菇，肖邦马上蹲下身来帮她拾起并装好，就这样两人相识了。当肖邦听到乔治的名字时，有些迷糊，又有些熟悉。就在乔治邀请肖邦去她家做客时，肖邦才突然想起，在1836年12月的一次艺术家聚会上见过乔治。初次见面不是很愉快，因为当时的肖邦正沉浸在悲伤之中，当时乔治的举动非常失礼，而肖邦喜欢有礼貌的人。肖邦还跟他的朋友说："乔治是一个讨厌的女人，她能不能算一个真正的女人，我简直有点怀疑。"可惜转眼间已过去两年，两人再见时，已今非昔比。肖邦说起与乔治曾经相见时的场景，又畅聊了一下这几年两人各自的生活，慢慢地，一种名叫友情的感情将他们联系在一起，就这样两个历经世间磨难的人，有幸相聚。

乔治是一个什么样的人，从她的人生轨迹来看，她是一个具有男性性格的女子，拥有堪比男性的豪爽。她热情真诚，是一名纯粹的艺术家，又是一名酷爱平等、拥护民主的人。当时，著名的哲学家巴尔扎克说："她的优点都是男人的优点，她不是一个'女人'，而且她有意要做'男人'。"

在乔治家相聚一番，肖邦告别了他的朋友。因为得知乔治是一名艺术家，并且也非常喜欢钢琴作品，于是肖邦经常会带着钢琴作品和他觉得有意思的收藏品来与乔治相见。有时两人在星空之下、森林之中畅谈着自己对艺术的理解，还有对未来美好生活的渴望。乔治会安慰肖邦，让他安心创作，不要总想着波兰的战事。因为肖邦从小学习钢琴，锻炼较少，是一位文人，不适合参加战争。但是肖邦创作出了优秀而感人的作品，以此扩大了波兰的国际影响力，让其他国家帮助波兰渡过难关，这样是当下最好的方式。肖邦在乔治的开导下，也将自己心中的愤怒和痛苦转化为音乐的力量，他想明白了，他要通过音乐的力量帮助波兰，同时再实现自己的梦想。

★

乔治·桑（1804—1876）

　　肖邦经常带着乔治参加贵族聚会，因为肖邦的帮助，乔治经常能听到不少优秀的钢琴曲。由于肖邦的名望较高，与不少贵族的关系都很好，所以他们在得知乔治也是一名艺术家时，便受到了当地贵族们的欢迎，生活质量也开始提高。并且肖邦把乔治的孩子们也都接到了城里，就这样肖邦和乔治以及两个孩子在这座城市生活了一年多，这一年多是肖邦为数不多的安稳生活。

第六章 1838—1841

病魔下的创作

玛略卡岛上养病

在法国巴黎待了几年的肖邦，不得不打算离开这个城市。他得了肺结核，要知道这种病在当时的医疗条件下，除了自愈，有效的医疗方法几乎没有。当他把这件事跟乔治说明之后，乔治想起以前的一位朋友马里玛尼推荐的一个名叫玛略卡岛的旅游胜地。这个地方风景宜人，气候温差不大，且因为是一个海岛，风景也不错，所以乔治把玛略卡岛告诉了肖邦。肖邦在经过巴黎众多有名望的医生检查后，发现并没有得肺结核，但是身体健康已经受到了极大的损害，应该是常年学习、创作，且久坐不动及悲伤忧虑造成的。为了使身体恢复健康，他需要充足的睡眠，需要呼吸更多的新鲜空气，需要经常锻炼，所以肖邦在听闻乔治所描述的海岛后，对玛略卡岛非常向往。于是就与乔治及她的两个孩子准备前往玛略卡岛。

战争时期道路交通非常不便，尤其是陆路交通，所以肖邦与乔治一家决定从佩皮尼安搭乘"弗尼希安"客轮先到巴塞罗那，然后在巴塞罗那逗留几天，再换乘另一艘船。决定好后，乔治和肖邦先从巴黎出发，在佩皮尼安相聚，四人到达巴塞罗那后，等候了几天，终于等来了前往帕尔马这个玛略卡岛城市的客轮"玛略卡"号。1838 年 11 月 7 日上船，11 月 8 日上午到达帕尔马港口。

虽然两人初来帕尔马，但是肖邦作为一名钢琴艺术家，自身的艺术修养和文化素质足以支撑在异乡的生活。而乔治是个大大咧咧的性格，也非常容易适应新的环境。他们通过中间商的介绍，在帕尔马的拉马里拉大街租了两间房子。不过在居住一周后，他们就搬离了这里，原因是这个地方没有他们想要的艺术氛围，并且人流过高也不利于养病。最后他们住在了一处离帕尔马六公里远的乡间别墅。因为乡间住宅的风景特别美，所以肖邦给别墅取名为风之屋。别墅的地理位置也很不错，正处在山底下，四面八方都是高大的围墙，有宏伟的教堂和海地齐平的景色。这是乔治在《玛略卡的冬天》中所描述的。

然而生活的美好总是容易被打断。肖邦与乔治在风之屋居住了三个星期左右，一天早晨，肖邦突然咳出了血，乔治急忙找当地医生曼尔诊治，结果很不幸，曼尔确诊肖邦得了肺结核。因为肺结核具有较强的传染性，所以当地居民将他们赶出了风之屋别墅。不过困难和风雨没有击败肖邦，他和乔治的生活依旧热情向上。

当时肖邦在写给朋友丰唐纳的一封信中，描述了他们在玛略卡岛的生活。"清晨我在帕尔马的森林中闲逛，这里有许多树，有橘子树、梧桐树、棕榈树等，这些我只能在巴黎植物园温室中才能看到的植物，在这儿随处可见。这里的基调是蓝色的，天空是蓝的，海水也是蓝的，就连山也呈淡蓝色。这里的环境非常适

★

肖邦与乔治在玛略卡岛上的日常生活

合我的疾病，尤其是纯净的空气，它可以减少我肺部呼吸的压力，在这儿我感觉获得了新生。我认为这是我迄今为止到过最美丽的地方，因为这里有大海，有青山，有树木，有古老的教堂，还有寺庙的废墟。我亲爱的朋友，我现在非常享受当下的生活，有机会的话，我想邀请你一起过来，不久后我也将会寄给你我新创作的乐曲。"

然而肖邦并没有兑现自己的承诺。在乔治的私人传记中写道，他们在当地并不受欢迎，因为肖邦的疾病，他们被迫转移到唯一愿意接纳他们的地方——一个废弃的巴尔德摩萨·加尔都修道院。这座修道院坐落于青山和谷地之间，是一栋 14 世纪的建筑。乔治在传记上说："所有的人都害怕我们，想要远离我们，他们指责肖邦有肺结核，因为以当地的医疗水平来看，这种疾病的传染性相当强。"

12 月 15 日，肖邦和乔治一家人正式搬进了修道院，从窗子往外看是一个很漂亮的花园，鲜艳的野花尽收眼底。那时乔治的儿子莫里斯特别喜欢画画，他将玛略卡岛之行重要的片段都通过画画和后来的回忆记录了下来，一共画了一百多幅图，现在都收藏在加尔都修道院的肖邦故居中。

在修道院里，肖邦借着大自然美丽的景色，创作出了很多优秀的作品，好几首是刚到别墅的时候就已经开始创作了。那个地方有一架福利奥牌小钢琴，后来，因为肖邦的要求，这架钢琴被运到了加尔都修道院。由于肖邦在巴黎经常使用普莱爱牌钢琴，所以特地嘱咐巴黎的朋友把钢琴运过来，但是因为海关检查的问题不能及时送到，一直在快要离开玛略卡岛前三周才送到。肖邦用这两架钢琴谱写了著名的《E 小调玛祖卡舞曲》，这首曲子蕴含了肖邦复杂的个人感情，用戏剧化的方式表达了他浓烈的爱国情怀，当然，每个人都能在其中读到自己的真实写照。

然而艺术家也有倒下的时候。在肖邦后来的一封信中，他把自己的房子比喻成一口巨大的棺材，说房顶上面堆积了许多灰尘，窗户也十分小，窗外都是些橘子树、柏树、梧桐树等。在他的描述中，所有的快乐都不是他的，所有的痛苦都是他的，他所拥有的只有朋友寄的一些作品、自己的手稿和一些零碎物品。

而在乔治的另一部作品中也能看到当时肖邦的状态："肖邦的情绪非常低落，非常消沉，看着像失去了斗志。他付出巨大的努力，忍受着生活和疼痛带给他的折磨，并且已经无法控制住自己，一直胡思乱想，认为修道院里面充满了肮脏的事物，甚至还有鬼魂。有时他说他感觉不错的时候也会这样想，对于他来说，加尔都修道院的生活比生病的疼痛具有更大的折磨性，而且对于我来说也是一种无法形容的折磨。"

在当时的社会环境下，得了传染性疾病的人并不受待见，肖邦也不例外。在被社会排斥和病痛折磨的情况下，肖邦经过几个星期的思考，终于决定和乔治一家离开玛略卡岛。两天之后，他们再一次登上了"玛略卡"号客轮前往巴塞罗那，最终的目的地还是巴黎。岛上的生活使肖邦创作了许多优秀的作品，他创作的前奏曲作品中大部分都是在修道院完成的。这是一个令人难过的地方，也是一个令人难忘的地方，景色很美，环境很好，但终究不属于一生坎坷的钢琴家肖邦。

返程之旅

驶离玛略卡岛后，肖邦和乔治一家决定沿着来时的路返回。在海上漂泊时，肖邦想到了刚来时的憧憬与希望。岛上的风景确实没有让人失望，是一个风景宜人、适合养病的好地方。本以为在这儿将会待一段时间，没想到突如其来的肺结核打乱了计划。肖邦能理解自己为什么被人讨厌，他自己也知道，肺结核病多么令人恐惧，得病者呼吸能力下降，不能再从事劳动救援行动，也会产生诸多不便，而且具有极高的传染性，不禁让人想起当年的那场鼠疫，不知死了多少人。现在离开了这个美丽的玛略卡岛，肖邦依旧感谢这个岛，因为在这儿他不仅写出了优秀的《E小调玛祖卡舞曲》，也见识到了美丽的风景，自己的病也得到了一定的好转。肖邦知道这一次离开将会是永远，他再次凝望了身后的岛屿。

　　两天后，肖邦和乔治一家回到了巴塞罗那。比起半年前，这个城市因为战争情况越发严峻，整个城市显得有些荒芜。一开始肖邦和乔治一家打算赶紧离开这儿，因为战火即将蔓延到这个城市。他们第一天到，第二天就订了票，第三天准备出发，结果在出发的早晨，当他们到达港口时，突然听说有敌人炸了船的底部，导致船漏水，并且短时间不能航行，肖邦和乔治一家只能被迫在这儿休息几天。他们在距离港口不远处的拉曼拉蒂街租了一个小旅馆，肖邦本想等到港口通行就走，但是疾病并不允许。连续两天肖邦都咳嗽得很厉害，小旅馆又不通风，肖邦担心会将肺结核传染给乔治及她的孩子们，于是在肖邦的要求下，一场巴塞罗那之旅开始了。

　　天蓝蓝，海蓝蓝，这是巴塞罗那的景色基调。作为一名钢琴艺术家，肖邦带着有同样艺术爱好的乔治一家来到了当地最有名的亚绵歌剧院。他们运气不错，离下一个节目开场还有半小时，肖邦成功买到四张票，在孩子们的渴求下也买了一些零食进入歌剧院。钢琴演奏家演奏的正是肖邦的《革命练习曲》。在结束说感想的时候，肖邦从口音上听出这位钢琴家是一位波兰人，他非常开心在这儿遇到了同乡。这位演奏家说完感想准备结束时，无意中看到了坐在中间的肖邦。要知道肖邦因为钢琴水平及知名程度已经被不少钢琴家们冠以"欧洲第一钢琴家"的称号。这位肖邦的粉丝瞬间认出了肖邦，他激动得语无伦次，急忙邀请肖邦上台。他说正是肖邦当年在巴黎的救助，他才能度过那段最艰难的时期，因为有这一份感情在，并且他本身也是一名钢琴家，所以对肖邦尤为崇拜。肖邦急忙问他，波兰的战况如何？可惜听到的回答依旧不尽如人意。他说波兰目前还是在战火之中，无数的波兰人民还深陷在水深火热的痛苦中。肖邦不禁感伤忧郁，咳嗽了几声后，便坐在钢琴旁的椅子上，当即弹奏了同样的《革命练习曲》。较之上一场的曲子，这首由肖邦亲自演奏和倾注全部爱国情感的表演，让在场的听众及那位钢琴演奏家都流下了激动的眼泪。

在这首作品中，能够听到肖邦对战争的厌恶，对和平的渴望，对在水深火热中生活的绝望，以及对自己无能为力的感慨。演奏完毕，全场响起了雷鸣般的掌声。音乐会后，肖邦与那名波兰演奏家相聚，聊了一些对未来的渴望以及对战争的批判，两人都希望自己能够为祖国波兰尽一份力，为国家争取主权。由于统一的爱国志向，在接下来的几天中，两人成了好朋友。三天后，驶离巴塞罗那的"梦迪优斯"号已经修缮完毕，得知这个消息的肖邦依依不舍地与他新交的朋友告别，离开了这座城市。

幸运的是，海上风平浪静，他们上船后一日左右便到达了佩皮尼安，接下来的路程都是陆路，不再需要坐船，这意味着他们离最终的目的地巴黎越来越近了。在战火蔓延的欧洲，每一个城市都不可避免地出现混乱。离开佩皮尼安后的一天，正在急速行驶的马车突然被截停，肖邦打开门一看，发现有十几位身穿破衣、面色凶狠的人拦住了去路，来者不怀好意，这让从未经历过这种事情的肖邦有一丝慌乱。不幸的是，肖邦带的钱不足以让他及乔治一家安全离开这里，就这样他们被绑了起来。就在肖邦询问这些绑匪如何才能释放他们时，其中一个绑匪突然支支吾吾地问了一句："你是华沙的？"肖邦一愣，随即点头，并用带有华沙口音的波兰语说道："你是？"两人经过交流，肖邦知道他们大多数是从波兰逃难而来，因为生计窘迫，无奈之下选择抢劫。那名波兰绑匪得知肖邦的名字后非常震惊，并当即解开绑带，一脸惊喜地说道："你真的是肖邦？"肖邦看着面前这副喜极而泣的面孔时，深感疑惑。原来这些年肖邦为波兰做的事，凭借着他钢琴艺术家的身份流传了出去，并且那首以《革命练习曲》为代表的爱国作品也大受欢迎，为波兰增加了不少国际影响力，波兰人民都非常喜欢肖邦，崇拜肖邦。在波兰难民的强烈要求下，他们将肖邦和乔治一家送到了接近巴黎的郊外。这一路上因为他们的帮忙，没有再遇见抢劫的事情。临走时，肖邦拿出自己为数不多的积蓄，交给了那群波兰难民。肖邦说："希望你们能够在力所能及的情况下，帮助更多的波兰人。"那些波兰难民流着泪，道了别。这一次玛略卡岛之行就此收场，即使路上有不少风雨险阻，但是肖邦和乔治都觉得收获满满。肖邦并不知道，到了巴黎后，他又将开启新的生活。

★

弹奏中的肖邦

夏日的诺昂

　　再次回到巴黎后，肖邦过上了喜欢的平静生活。1840 年 4 月 24 日，肖邦受到法国一位男高音朋友的邀约，参加了一次纪念会。这次纪念会的人数很少，基本上都是这位男高音朋友的朋友。这也是近几年来肖邦第一次在公共场合露面。5 月，乔治邀请肖邦去热那亚旅行，一是为了缓解病情，二是这个地方有着乔治的许多回忆——1832 年她与丈夫私奔的地方。在这儿，肖邦和乔治开启了一场新的旅行，过程很美好，两人的相处也非常愉快。6月，巴黎非常炎热，尤其是肖邦在得了肺结核之后，他觉得更加烦闷了。气温过于炎热会加重他的病情，不利于身体的恢复。因此，在乔治的帮助下，肖邦来到了一个未来会长期居住的地方，也是灵感大爆发的地方，这就是诺昂。这一次前往诺昂不用担心居住的地方，因为这里有乔治以前居住过的乡间宅院，并且也有不少乔治的朋友。

这座有着几十年居住历史的古宅是乔治从小到大成长的地方，它位于巴黎以南一个偏僻的村庄。在村庄里，乔治家的房子处于一大片高大繁盛的树林中，一条小河从山上而来，穿森林而过。坐着马车，肖邦第一次来到了乔治的这栋乡间古宅。路易十六时期风格的房子及摆设，肖邦非常喜欢，他说："这个村庄非常美丽，有夜莺和云雀。"在乔治的儿子所作的画中也能看出这里有着美丽的乡间风景。现代作家艾琳娜曾经这样描述过乔治的住宅："这个庄园不仅朴实，而且美丽。大门的对面是广场和花园，在炎热的夏天也能闻到白色的紫丁花香，这是很难得的。灌木盆景陈列，在阳台的葡萄架下形成了草坪上的过道。陈旧的塔上是一群野鸽子的窝，同时庄园里还配有一个农场、一片树林，树林里长满了野生草莓，河水像一条飘逸的丝带从附近穿过，蜿蜒曲折，令人陶醉。"因为风景不错，且距离巴黎也不远，肖邦经常邀请他的朋友来此地相聚。据他的朋友德拉克洛瓦说："这是一个令人愉快的地方，偶尔会有一阵风吹过你的窗户，玫瑰花芬芳盈谷，从肖邦房间里传出的是美妙的音乐声，这音乐声与夜莺的歌声融合在一起，祥和且宁静。"

在这个偏僻且人烟稀少的乡村，不知道肖邦是否在这里看到了自己故乡的影子，但可以肯定的是，在肖邦一生的漂泊流转中，这个地方是他生活中一处美好且安宁的港湾。他第一次来到这个小村庄时，就被它深深吸引了，对于肖邦而言，这里就是他与知音乔治的创作之地，也是他个人的音乐天堂，注定了要在此地留下他一生中最伟大的篇章。

7月，诺昂月色笼罩，乔治家的庄园发出了一声惊呼，《降D大调前奏曲》创作成功了。

这位刚刚从玛略卡岛回来的"诗人"经历了悲伤的旅行和病痛的折磨，感受着诺昂乡间特有的平静，享受着乔治对孩子们温柔的帮助，他们平时再多的误会、难过，都化解成了一轮平静的明月，在他们朝夕相伴的生活之舟中，你能感受到肖邦与乔治之间深厚的友情划过平静的海面。

回忆中的往事像那歌曲的旋律，随风穿过茂密的森林，来到广阔的田野，最后将未来的幸福带去了远方。乔治和肖邦都没有想到在这年的冬天，因为变幻莫测的天气以及肖邦突然患上的肺病，最终变成了一段多灾多难的岁月。人生总是这样，痛苦随时来临，在经历了近一年的生活颠簸和病痛折磨之后，乔治在心中暗下决心，一定要像照顾自己的孩子一样照顾体弱多病的肖邦，让肖邦这个漂泊的灵魂在她这里安定下来。

因为乔治好几年没回过诺昂，并且肖邦也是刚来，所以当地的居民们决定为他们举行一个初次见面的聚会。在星空点点的夜晚，有着少量的鲜牛肉和奶酪面包，已然是再好不过了。较之于前几年的聚会，这几年因为战争的原因，各家各户都很困难，许多食材都陷入了短缺的境地，而肖邦也因为这几年一直在帮助波兰难民，自己并没有什么积蓄。不过这场聚会总体来说是欢快的，肖邦与乔治认识了他们的邻居，也从这次聚会中看到了每个邻居的热情好客。幸运的是，肖邦因为钢琴家的身份获得了不少优待。当时，大家都知道肖邦的音乐水平，不少邻居们表示希望能够跟肖邦多交流音乐，肖邦也欣然答应。在这个和谐且美好的诺昂，患有肺结核的青年钢琴家肖邦度过了一段难忘的时光。

第七章 1841—1845

孤独的创作路

走自己的路

在诺昂休息的这几个月内，肖邦的病情始终不见好转。乔治为他请最好的医生，给他买最好的药。在生活中，肖邦的自理能力非常差，每顿吃什么，衣服穿什么，这些都被乔治安排得井井有条。

然而肖邦是一个向往平静生活却又不能平静生活的人。随着夏天的过去，肖邦的病在冬天开始好转，于是他开始计划回到巴黎，回到他的朋友、流亡的同胞身边，回到音乐和文化的环境中，这些都是他所习惯的十年前的生活方式。几个月以来，由于战争的加剧，波兰的战况日益恶化，肖邦觉得不能在无视中生活，而要去做点该做的事。他与乔治商量后，准备了一个计划。他的朋友一边为他安排音乐上的事情，一边为他和乔治寻找住宿的地方。在所有人的眼中，肖邦和乔治是艺术上的知己、生活中的知音，虽然乔治将小她七岁的肖邦当成孩子来照顾，但是在肖邦心中却对乔治有着不一样的情感。

两人回到巴黎后，肖邦的朋友为他们找到了闹市区的房子，虽说几年没有接触贵族的社交场所，但是两人仍有丰富的经验，在社交场上如鱼得水。乔治是为了她的孩子以及她所追求的艺术，而肖邦则是为了自己的音乐和身处战火中的波兰。

就这样，肖邦度过了巴黎的冬天。唯一可惜的是，在这段时间，肖邦的作品并没有多少。肖邦认为这可能是因为他觉得诺昂的环境更适合作曲，而繁华的市区并不适合创作。考虑到这个问题，肖邦和乔治商量后便决定夏天去诺昂，冬天则住在巴黎。因此，肖邦的作品几乎都完成于夏天。尽管这样，他的创作量也非常有限。另外，他自己总结作品量大减的原因还有两个：第一是对自己的要求非常高，一些残次或者他认为并不够优秀的作品，或是剔除或是花更多的时间进行修改。第二则是他的朋友兼抄写员朱丽安在 1841 年后去了美国，只留下肖邦自己一个人费力抄写。当时，肖邦的身体素质比较差，在完成创作的同时没有足够的精力再去抄写，他总觉得自己的时间不多了。

这段时期，创作方面，肖邦的另一首作品《F 小调幻想曲》完成。这首曲子是 1841 年 5 月在诺昂乔治的庄园里完成的，它的完成证明了肖邦有极强的艺术修养和艺术灵感，在当时的音乐界具有很大的震撼力。社交方面，1840 年是肖邦比较平淡的一年，只有在 12 月的时候，肖邦和乔治会去法兰西学院听文学系教授密茨凯维奇演讲斯拉夫文学。同年，为了纪念 1830 年 7 月波兰革命十周年，在巴黎举行了一次非常庄严的仪式，参加仪式的大多数是波兰难民，也有像肖邦一样的波兰艺术家以及极少数的当地贵族。这些当年为了实现革命而牺牲了宝贵生命的志士姓名，在肖邦以及当地波兰人民的强烈要求下被刊载在《巴士底狱日报》的纪念专栏上。肖邦的朋友贝里欧兹为了纪念这个特别的日子，还特意写了一首《胜利交响曲》。这首曲子采用大型的乐器演奏并伴有唱诗般的合声，据相关专家说，它很像早期的《安魂弥撒曲》。从另一个角度来看，这也算在当时业界内对这首曲子的认可。由此可见，《胜利交响曲》是相当成功的，并且打响了贝里欧兹在巴黎的名声。它华丽而庄严，表现出了自由和光荣，这种特征正是法国和波兰革命者长久以来所推崇的。肖邦对于朋友的这首曲子相当认同，这也是两位钢琴家能成为朋友的原因。

1841 年，肖邦虽然一直保持着与外界的联系，包括与他志同道合的朋友们，还有当地贵族以及乔治，但是一切的一切都被他转化为创作和学习音乐的动力，可以说前面是为了生活，后面则是为了实现自己的梦想和抱负。肖邦因为肺结核疾病身体孱弱，他唯一能做的就是通过优秀的音乐作品表达对波兰战争的痛恨与厌恶，同时能够扩大波兰的国际影响力，促进其他国家对波兰伸以援手。

这段时间，他除了创作新的乐曲之外，对以前创作的《革命练习曲》《降 D 大调前奏曲》《玛祖卡舞曲》以及《E 小调夜曲》等曲子进行温习与改进。有意思的是，在偏僻的诺昂依旧门庭若市，肖邦的朋友们，例如李斯特、巴尔扎克等都会经常来访，而最忠实的一位朋友是德拉克洛瓦，这位伟大的画家甚至在那儿建了一个画室，过着舒服的修道院生活，顺便指点他的徒弟——乔

*

青年肖邦

治的儿子。诺昂单调且温和的夏季，让肖邦和乔治感到一丝惬意。在那段时间里，肖邦的作息非常规律，乔治则经常写到天亮，这便是每年夏天肖邦和乔治在诺昂的舒适生活。而冬天则无一例外都是在巴黎租房子，有时会参加音乐会，有时则给当地贵族的孩子们教习钢琴，赚取一些生活费。在这段日子里，肖邦创作了《升 F 大调第二即兴曲》和《玛祖卡舞曲》。

最好的"大夫"

一个人最好的价值体现就是实现自己的梦想，得到社会的认同，而对于一个身患重病的钢琴家来说，他的作品得到行业的认同就是最大的鼓励，也是自身疾病最好的治疗方式。不负众望，在这段时间内，肖邦的演出好评如潮。

1841 年 4 月 26 日，肖邦在普莱尔的沙龙中举办了一场私人性质的音乐演奏会，到会的观众都是一些上流社会的贵族和朋友，还有他的学生，20 法郎一张门票。按照惯例，一场演奏会中，要有两个以上的音乐家共同演出，这次音乐会的演出嘉宾是女高音戴玛洛和小提琴演奏家亨利。

音乐会中，他选择的曲子不是古典音乐类型，他没有选择协奏曲或奏鸣曲，也没有选择幻想曲或变奏曲，他选择的是前奏曲、练习曲、夜曲和舞曲。他面对的是一个社会，不是一群民众，他气定神闲地向人们展示自己的内涵——一个深奥、纯洁、如梦般的诗人。他不在乎别人的看法，他寻觅的是同情心而不是嘈杂的喝彩声。当第一个和弦响起的时候，他就在自己与观众之间建立起了一座亲密的桥梁。返场时，他还演奏了练习曲和叙事曲。如果不是他那张苍白的脸已明显表现出他的疲倦，观众们很可能要求他把整个节目再演奏一遍。

对于这场演奏会，李斯特这样形容肖邦："仪态雍容的牵牛花，在纤细出奇的花茎上，柔软而清香的花冠摇曳着，好像稍一碰触就会破裂。由于他天生体弱多病，因而创作出来的音乐响度不高，曲终时更宛若一声声的耳语密谈……"

这篇评论很长，虽然存在一些称赞肖邦的话，但是他的语调及部分内容却比较消极。原本肖邦作为一名患有肺结核的病人，是因为对音乐的追求和有乔治这类朋友的陪伴，才能压下带给肖邦痛苦和伤害的疾病，而李斯特这次重新撕开这道伤疤，让原本对李斯特有点好感的肖邦变得非常冷淡，甚至忍无可忍，还否定了李斯特及李斯特所代表的一切。11月13日，他给朋友写信说道："李斯特在科隆大教堂举办的音乐会上所发表的作品让我感到很有趣，算起来有近万人，其中有会长、副会长、爱乐协会的秘书以及乘坐马车的达官贵人，或许他将成为埃塞俄比亚或刚果共和国的酋长，他的作品表达的都是相同的意义。并且一开始我们就担心他没有更加出色的表现，因为他已经太优秀了，虽然他的成就足以让他的名字在现代史书上永远铭刻，但他限制了自己的天地，把自己的艺术局限于一种钢琴曲中，以他的才能本该爬到了不起的位置，他对当今的乐坛有着不可磨灭的贡献。"这封信中反向讽刺了李斯特自身的问题，但也同样对李斯特的音乐才能表示了肯定，与李斯特评价肖邦的语气相同。

1842 年 2 月 21 日，肖邦再次在普莱尔的沙龙中出现，他和大提琴家法郎戈曼共同演出。从当时的《音乐评论》报道中，我们就能感受到当时的盛况：肖邦在普莱尔家举行了一场盛大的晚会，一大群堆满笑容的脸在晚会上穿梭……这是一场华丽的晚会，简单中却包含着端庄和高雅，并且菜肴非常丰盛。金光闪闪的丝带、柔软的蓝色薄纱、成串颤动的珍珠、新鲜的玫瑰花和木樨草——上千种最漂亮、最鲜艳的色彩——不断地混合着，交叠着。放眼望去，这个像王宫般气派的沙龙里，闪耀着艳丽、迷人的光芒。

"演奏时，以极弱的节奏，继之渐次加重……肖邦从来不做重击的动作，不会发出重击琴键的声音。"查尔斯·阿勒爵士支持古特曼的看法，后来他在自传中写道："我记得有一次，肖邦遇见我，他温和地把一只手搭在我的肩上，告诉我他感觉非常不愉快，因为听到了他那首《降 A 大调波兰舞曲》被人误弹，以致整个富丽堂皇、高贵典雅的曲调被破坏。可怜的肖邦，现在就躺在坟墓中，一定在心神不宁地扭动着，很不幸，这种对于音乐的误解已成为一种时尚。"

舒曼评价肖邦的音乐，说他的乐曲是"藏在花丛中的大炮"。为什么舒曼会评价肖邦的乐曲是大炮呢？首先，肖邦与舒曼是同一时期的音乐大师，他们的关系也不错。在音乐才华上，舒曼对肖邦是相当认可的，经常在一些书中能看到舒曼对肖邦的赞赏。至于为什么是"藏在花丛中的大炮"，从字面的意思就能看出来，花丛里的花朵是美丽的、醉人的，而大炮却是致命的、猛烈的，舒曼的话正是这两个意思。其次，肖邦的音乐美妙动人。旋律可以给人带来美好的享受，沉浸在肖邦的音乐世界里就是一种享受，是对现实世界的遗忘。肖邦更是一位爱国音乐家，所谓的"大炮"，指的就是肖邦创作的音乐中深藏着对侵略者的强烈反抗与不屈。两人的友谊由此发生。

两年里，肖邦的才华得到了欧洲钢琴界的认可，同时也是他大展身手的两年。以往的肖邦，均以其作品闻名于世，很少有机会举办一场属于自己的音乐会。而在这两年里，肖邦通过大量的音乐会证明了自己的实力，让许多并不熟悉波兰的人开始关注波兰。

伴随着钢琴家、作曲家们对他的赞扬以及当地贵族对他的追捧，肖邦的名声及影响力越来越大。这让肺结核所带来的病痛与其祖国波兰遭受入侵而带来的痛苦与愤怒，得到了一定的缓解，可以说这是肖邦自成名以后最"健康"的两年。在这两年中，肖邦的大部分积蓄都换成了物资，资助了不少从波兰来的难民，拯救了许许多多的波兰家庭。正是这一份时刻为祖国着想、为祖国奉献自己的精神，使肖邦有了新的方向，并且更加鼓舞了肖邦对优秀音乐作品的追求。

生命之火

尽管巴黎热闹的街区和繁华的音乐教堂有着很大的魅力，但是这些都不是肖邦合适的创作之地，肖邦想要创作出优秀的曲子或者寻找灵感，便会前往诺昂的庄园。在这个庄园中，肖邦创作了许多世界名曲，而在这些名曲中，有一首曲子的创作非常具有故事性，并且这首肖邦即兴而作的曲子也成了肖邦的代表曲目之一。

这是一个凉爽的清晨，肖邦正在别墅的客厅里弹着钢琴，乔治在一旁写着她的小说，他们养的小狗则懒洋洋地趴在地毯上。不知不觉太阳出来了，阳光透过纱窗，洒在地毯上，给这个安静祥和的环境增添了新装。此时，小狗见到阳光一下子兴奋起来。它站在阳光下，舔着身上的毛，低头的时候发现阳光把它的身影照在地毯上，于是用爪子去抓自己的影子，一下，两下，并没有抓到。就在以为它会继续躺下来时，小狗突然对自己的尾巴产生了浓厚的兴趣，不断用嘴去咬自己的尾巴，可是这只小狗还太小，尾巴也太短，每次都不能准确地咬住尾巴，但却一点也不气馁，趴着的同时，仍然拼命去追逐自己的尾巴。小狗的动作非常敏捷，为了咬住尾巴，它把整个身子都缩成毛茸茸的一团，那个样子非常可爱。很快，乔治就注意到了小狗的动作，被小狗逗得哈哈大笑。乔治对肖邦说："看见了吗，肖邦？你看它多么可爱，你能把它现在这个样子通过钢琴表现出来吗？"肖邦看着看着也笑了，他回答道："这倒是个好主意，让我试试吧！"说着他便在琴键上弹了起来，在试弹了几个音符后，灵感一下子就来了。

　　肖邦用平滑流畅的指尖触碰着光滑亮丽的琴键，不一会儿，一首美妙的曲子就诞生了，这就是著名的《小狗圆舞曲》。

　　快乐且平静的生活，一直是身为钢琴家肖邦所向往的。在肖邦还沉浸在自身音乐创作的快乐和乔治一家的温馨时，1844年8月，他收到了一份来自德累斯顿的信。收到信时，肖邦就觉得有些不对劲，因为这个地方是米柯瓦伊夫妇和伏秦斯基家所在的地方，这么多年来他们虽然一直通过书信联系，但是后面联系却逐渐减少，而忙碌的肖邦并没有注意到这一点。这是他近半年以来第一次收到来自德累斯顿的信，打开一看，肖邦顿感头晕目眩，乔治连忙扶住了他。信上写道肖邦的父亲米柯瓦伊去世了，而肖邦因为自己身体的原因和当时战争的影响却不能回去。

★

肖邦与乔治在诺昂的生活

*

《小狗圆舞曲》中的小狗

这位 75 岁老人的去世给了肖邦巨大的打击，他的疾病始终没有改善，心情也总是多变，快乐和哀伤在心中同时存在，有时忧郁，有时会突然兴奋。肖邦在接受这个消息后的三天内一直保持沉默，但在第四天的清晨，乔治家的钢琴又响了起来，这是肖邦新创作的曲子《B 小调第三钢琴奏鸣曲》。

这首作品并没有反映出他的丧父哀恸，可见他已经学会了如何控制自己的情绪。尽管肖邦是个音乐天才，但是他也是一个有着不少缺点的人。乔治对他的学习态度和喜怒无常的脾气感到非常困惑，因此她写了一封信给他的姐姐，邀请她和她的先生到巴黎来探望肖邦，并在夏天一起去诺昂。

乔治在信中写道："你们一定会发现，自从你们上次看过他以后，我那可爱的男孩改变了很多，变得更加脆弱了。但是你们不必对他的健康惊慌，这六年以来，他一直都是这个样子，这段日子，我每天都和他见面。我希望你们能利用这次与他共处的机会，让他的性情变得坚强些。至少我坚信，在一种正常的生活和照料之下，他的生命会和其他人一样长久。"

姐姐的突然出现让肖邦感到欢欣鼓舞，那一天他露出了久违的笑容，即兴弹了一首欢乐的歌曲。在姐姐的陪伴下，肖邦度过了这一段令人难以忘怀且艰难的时期。亲情的温暖击溃了失去父亲的哀伤，在肖邦的病情恢复期间，肖邦和路德维卡两人经常外出散步，在诺昂庄园的田野之间谈着小时候的趣事和聊着现在各自的情况，不可避免地谈到了祖国波兰的现状。姐姐告诉肖邦，不要太纠结于这样的事情，既然无法改变，那就好好享受当下的生活，做好自己力所能及的事。这点也正好与肖邦现在的想法不谋而合。而在谈及父亲米柯瓦伊时，姐姐会告诉肖邦向前看，父亲虽然离开了，但是最后的日子充满了温馨和祥和，也没有什么遗憾了。

就这样，肖邦在姐姐的鼓励下，走出了心中悲伤忧郁的世界。9月，路德维卡因为有事离开了诺昂。肖邦给姐姐写了一封信："每当我走进房间时，总会仔细地检查，看看是否还有你留下的值得回忆的事情，或者看看房间里依稀残留的脚印，我在你休息的地方找到了我们喝过的巧克力奶……更多的回忆留在了我的房间，桌上放着你的刺绣———一双拖鞋，在钢琴上我发现了一个发夹。我突然感觉我是如此幸福，我应该珍惜现在的生活，我应该更加努力、阳光、向上。"

生命之火在燃烧，经历了坎坷的钢琴家肖邦在这个"大火"中越走越远，越走越强，为这个世界留下了许多优秀的作品。年轻的肖邦还应该有着本该肆意挥洒的青春和大有作为的前途，可惜被病痛折磨，生活不便。自此，肖邦幸福圆满的生活开始慢慢变得裂痕遍布，在生活走下坡路的同时音乐创作也逐渐受到影响，不过后期创作的音乐作品愈发优异，基本上都是肖邦的名作。

第八章 1845—1849
葬礼进行曲

友谊决裂

1841 年夏天，与肖邦有过合作的女高音歌唱家波琳娜迅速蹿红。1839 年 5 月，她在伦敦的皇后戏剧院演唱了罗西尼的歌剧，并到诺昂给乔治的女儿当了音乐教师，与乔治和肖邦共同生活了两周。肖邦曾说："我们很少谈音乐。"乔治与波琳娜发生矛盾时，肖邦却是一副置身事外的样子，从这件事情就能看出肖邦与乔治之间注定会产生不可调和的矛盾。

最早的一场冲突是在 1845 年的夏天。乔治的儿子联合家中的仆人，鼓动反对肖邦的波兰仆人——这是肖邦唯一可以用本国语言交流的人。事情的结果并不如肖邦所愿，痛苦的肖邦在经历了这件事后，只好辞退了他的波兰仆人。乔治的女儿从小就在宠溺的环境下长大，导致她非常自私，并且缺乏纪律性，带她来诺昂度假前，乔治给她写了一封信："你的哥哥和我都很爱你，但是对于你的一些过错我们并不想原谅，你必须改正这些过错，要跟自私自利、喜爱发号施令及有着疯狂而愚蠢行为的你说再见。"由此可见，当时乔治的儿子和女儿都有了破坏肖邦与乔治一家和谐关系的苗头。

而肖邦和乔治哲学观念的不一致，使得他们的矛盾在不断增加的家庭问题中日益加深，两人也渐渐不能容纳对方。例如，肖邦相信贵族阶级有统一的权力，并对罗马教会及其教义持一种无意义的接受态度。但乔治的看法则完全不同，她同情平民，关心社会问题，她希望法度的范围更大，在此范围下每一个人都有平等的权利。她也拥护宗教信仰自由，在这些观念之下，她成了许多改革者的典范，而她的信仰也渐渐发生了变化。

乔治是一位热切关心社会问题的时代女性，肖邦则仍是贵族主义者。在这样的环境冲突下，乔治曾写了一本小说，在这本小说中，每个人物都对应了生活中的角色，肖邦也是其中之一。据说李斯特还在他的自传中引用了这本小说的几处情节来描述肖邦，可见不管乔治如何否认他的朋友们，他都已经看出这本小说与现实生活的关联性。不知道当时肖邦是否已经察觉自己与书中的人物相互重合。

1846 年 3 月到 1847 年 8 月，乔治家发生了几件不可思议的事件，这些事件也彻底导致了肖邦和乔治的决裂，两个知音走到了友谊的末路。

在这个炎热的夏天，肖邦每天很少出门，他在家里被热得汗流不止时，往往会像往常一样与乔治抱怨天气太热。但是这时候的乔治已经不像以前一样表达关心，反而对他冷言冷语，熟视无睹。在她的私人传记中是这样写的："我完全不能理解肖邦，既然会因为出汗这样的事情而不断抱怨，并且还反复声明自己是爱干净的，也经常清洗，结果还是有汗臭，听见这奇怪的话语出自这神奇的物种口中，我和其他人都笑得合不拢嘴。"

　　还有一件事也能体现肖邦此时在乔治家的待遇。一位同为波兰籍的钢琴家约瑟夫来巴黎游学时，肖邦想邀请他到诺昂来。约瑟夫与肖邦师出同门，对于他的到来肖邦异常兴奋，并描述这个地方的景色非常美丽，人们也非常质朴。本来肖邦以为这件事就这样定下来了，但当乔治和她的儿子得知这个消息后，纷纷表示反对。这一次他们否决了肖邦的邀请，这在几年前的肖邦眼里是不可思议的事情，同样对现在的肖邦来说也是非常难以置信的，这意味着他在与乔治一家相处的过程中地位的改变。从平等的一家人变得卑微，一股未知的陌生感萦绕在肖邦的心间。

　　而最后发生的这一件事，彻底使肖邦和乔治一家形同陌路。当时肖邦非常关注乔治的女儿索朗日的婚姻问题，一个 18 岁的姑娘已经到了谈婚论嫁的时候。前几年索朗日去接触其他男性时，还会遭到乔治的反对，现在，乔治反而希望女儿能够找到自己喜欢的人。幸运的是，在肖邦和乔治一家参加一次聚会的时候，聚会主人的儿子德普雷奥对索朗日一见钟情，乔治对这个未来的女婿也是相当满意，当场同意他们先订婚，相处几个月后再结婚。可是索朗日希望自己能够尽快结婚。这对于两个热恋期的男女来说是正常现象，肖邦自然是支持索朗日的，他认为既然已经订婚了就可以快速结婚，没有必要继续等待。就因为这个，乔治也与他争论过一番。

　　而此事最大的转折还是索朗日在婚礼的最后一刻拒绝嫁给德

普雷奥，而在两个月后与克雷辛格闪婚。这件事情肖邦一直被蒙在鼓里，直到他们结婚他才知道，而肖邦在巴黎的朋友们却早就知道了这件事情。虽然肖邦对索朗日和克雷辛格的事感到恼怒，但他也无法再说什么，他病得很厉害，以至于无法介入到这件事情中。索朗日无论做什么事，总是表现得很自私。1846 年 6 月，她的朋友奥古斯丁和乔治的儿子莫里斯的一个朋友订婚了，此时索朗日才发现克雷辛格并不是她所期望的那种理想丈夫，一想到奥古斯丁享受了一种她享受不到的幸福生活，简直不能忍受，于是她引发了一场"风暴"。这场"风暴"让处在这场家族式的仇恨、争执中的肖邦恼羞成怒，这也是肖邦彻底离开乔治一家的原因。

发生了这些事情后，克雷辛格和索朗日被逐出家门。这个家庭已经不可能再恢复成以前的样子了。

索朗日给在巴黎的肖邦写了一封信，歪曲了事件的真实情形，并且要借肖邦的马车。天真的肖邦对事情的真实性很少怀疑，他回复："听说你生病了，我很担心。我立刻把马车借给你使用，并已经把这件事情的影响写信告诉了你的母亲。"

这件事情暴露后，一度让肖邦非常愤怒，而肖邦在这样的环境下病情更加严重，原本一直照顾他的乔治，在女儿和儿子长大后，把更多的爱和关注给了他们。更可悲的是，肖邦为了资助波兰朋友和波兰起义，他必须要经常举办大型音乐会才能凑足资金。而乔治则是一个控制欲极强的人，她认为肖邦的身体情况已经无力从事大型演奏活动了，想把肖邦控制在自己的身边，不让肖邦参与外界的任何活动，乔治称这些人为"无所谓的人"。肖邦始终想挽救自己的朋友和增加波兰民族的希望，在几年的压抑后，终于爆发了心中的爱国情感，毅然回绝了乔治的要求，与他的恩师一起踏上了旅途。就这样，肖邦与乔治的感情在肖邦决定为祖国献身那一刻起，彻底决裂。

★

乔治与肖邦最后一次和谐相处

再次相遇

此时遭遇了诺昂这些繁杂琐事的肖邦已经没有太多心力花在创作上。这三个月中，他非常努力，也非常认真地创作，但是结果并不尽如人意。相对于以往的肖邦来说，三个月只创作两首歌曲以及一些还没创作完全的作品，之后的一年中，也只创作了一部乐曲，这完全不是他的实力。这部乐曲有它特殊的意义，它的内容来自于一位伯爵的创作。这位伯爵是著名诗人密茨凯维奇的朋友，他是一位相信宿命论和拥有逆来顺受性格的诗人，这点跟当时的肖邦相同。正是这种忧郁的心情在达到顶峰后凝聚成的乐曲，才成了人们心中肖邦艺术巅峰的代表作。这部乐曲其悲伤的风格与肖邦曾经创作的《B 小调第三奏鸣曲》相同。此时的肖邦在音乐中已经完全能控制自己的情绪，当你第一次听这部乐曲时，你能感受到从开始的温暖抒情、细致委婉，到最后的忧郁惆怅、哀伤苦闷的深化过程。肖邦音乐的魅力正在于此。

几天后，当地有名的伯爵邀请肖邦举行一个私人小型音乐会，参加这场音乐会的权贵人士比较少，而肖邦的朋友哈雷就是其中之一。在这场音乐会中，作品《船歌》正式亮相。演奏完毕后，所有人都鼓起了掌，但是此时的肖邦并没有因为观众的开心而开心，或许他已经意料到了。就在这场音乐会举办的前几天，肖邦写信给远在他乡的家人，在信中可以看出此时肖邦的状态。"我已经不想再去想什么了，因为不久后将会举办一场音乐会，而这场音乐会是朋友们帮我举办的，他们说并不需要我为此做什么，时间他们已经选好了，就在这个月的中旬，到时候我只需要按照他们的话来到指定的地点坐下演奏即可。他们定下的那高额的入场费，也仅在几天之内就销售一空，甚至不少没买到票的观众还邀请我举办第二场音乐会。让我意想不到的是，音乐会的消息传出没几天就有不少陌生人来电，希望我能给他们留下一个座位。凭良心讲，现在我的演奏状态较之前几年不及十之一二。"然而好景不长，这场音乐会结束不久，震惊世界的"二月革命"在巴黎爆发。剧院关门，艺术家破产，不少教师和学生四处流散，许许多多的钢琴演奏家不在音乐的殿堂上演奏，反而在街道的角落里能听到他们的奏鸣，一些远近闻名的画家在路边卖着他们曾经视若珍宝的名画。在这样的大环境下，肖邦的学生们也都四散而逃，再也没来看过肖邦，包括肖邦最欣赏的一名姓肯的学生——当然不是这名学生不来，而是在这场革命中，他不幸遇难了。现在，巴黎的政权是一个新的政权，在到处都喊着自由平等的理想社会环境中，肖邦极不适应，因为他是支持贵族的，而这种理想社会的环境却是乔治盼望许久的。在这种肖邦极为不适的环境下，几个月前邀请肖邦去苏格兰游玩的一位学生再次向肖邦发出了邀约，肖邦考虑再三，最终同意过去。

肖邦收拾好行李，坐着轮船渡过了澎湃的英吉利海峡，1847年4月20日下午，他们抵达朴次茅斯，经过短暂的休息，第二天终于抵达伦敦。

此时的伦敦还处于门德尔松去世的悲伤氛围中。门德尔松是唯一受英国大众欢迎和敬重的外国作曲家，他的名望不局限于某些阶层。

爱乐协会是当时英国最重要的音乐社团，他们邀请肖邦出席一场音乐演奏会，这对此时的肖邦来说是一项非凡的荣誉，但是却被肖邦拒绝了。此事也证明了肖邦当时的名望与实力，而肖邦拒绝的原因在他写给朋友的一封信中有所交代：

"后天，女公爵会把我推荐给女王，因此女王会到这里访问我。如果女王能了解并且喜爱上我的作品，那会对我很好，这样我才能够站在高处被所有人歌颂。曾经爱乐协会也邀请过我，可是我并不想在那里演奏，因为我不想和管弦乐团一起演奏。为女王演奏完音乐后，我跟女王谈及了自己的梦想，并且还诉说了祖国波兰的现状。可惜的是，出身高贵的女王非常认可我的音乐，并鼓励我创作下去，但是并没有回应我关于祖国波兰的事情，这让我感到有些生气。"

在伦敦生活的肖邦并没有表面上那么美好。在异国他乡，生活消费及聚会支出都是非常高的，肖邦平时只能靠教习贵族家的学生和参加贵族间的聚会演奏来获取一些英镑——按照演奏的人数，一场下来平均收入 30 英镑。对于肖邦来说，通过这种方式赚取英镑是非常有意义的，因为它不仅能够结识到更多的贵族，还能遇见狄更斯、卡莱尔等这样的风云人物，这不仅对肖邦未来的发展有积极作用，同时也对祖国波兰的现状有一定的改善作用。所以在贵族的邀约下，肖邦为了自己和祖国也都会接受邀约。

6 月 14 日，他参加了朋友们的音乐演奏会。这场演奏会具有营利性质，也有不少社会名流参加，肖邦也因此赚了 300 英镑。这对于此时生活窘迫的肖邦来说，无异于生计之源。据肖邦自己的记录，第一场演奏会是在一位朋友的夫人家中举行，第二场演奏会是在詹姆斯广场举行。由于这两场音乐演奏会主要是为了赚取生活费，所以肖邦演奏的钢琴曲偏大众一些，包括《A 小调前奏曲》《降 D 大调摇篮曲》以及其他一些曲目。

8 月 26 日，他来到曼彻斯特。28 日那天，在那里举办了一场"绅士的音乐演奏会"。

除此之外，在伦敦生活的这一两年中，大大小小共十余场的演奏会给了肖邦不一样的生命意义，肖邦仿佛再次回到了那个属

于他的巴黎，那个治疗他伤痛和带给他无限满足的"大夫"再次
来到了他的身边。当然，这也是生命之火的最后一次燃烧。

最后的乐章

　　1848 年，肖邦来到了一个陌生的城市，这座城市也将是他音
乐的最后一次绽放，这个地方就是曼彻斯特。作为一个工业且现
代的城市，却缺乏浓郁的文化氛围和气息，它的特征为阴暗的天
空和比其他地方更臭的煤烟味。一开始肖邦并不适应，在一位朋
友的帮助下，他才找到一个勉强满足自己所需的地方——曼彻斯
特郊区的一座小屋。这个屋子的主人也是帮助肖邦寻找住宿以及
资助肖邦开音乐会的人。

　　在这座到处都是煤炭和烟尘的城市举办音乐会，肖邦不太满
意。他们还将肖邦的钢琴独奏曲安排在流行曲和威尔第等人的管
弦乐曲之间，说不好听点就是将肖邦的乐曲作为演奏会中的点
缀，肖邦对此十分愤怒。在不满与愤怒中，肖邦决定写一封信给
远在美国的朋友，以此来发泄心中的困顿和对生活的怨恨。"上
次面见女王时，我以为能够凭借女王对我音乐的喜欢，进而帮助
我的祖国波兰，然而女王只是表达了对我才能的赞赏和对我音乐
创作的支持，其他并没有说什么。唉，这样的情况像极了之前被

我弹坏了几根弦的钢琴，在被人类弹奏和环境改变之后，尽自己所能，也只能创造出一首不完美的曲子。即使原先的主人会用心保护，它也永远不能再被他演奏一番，只能在破旧的阁楼里生灰，即使使用新弦修好了，原先的主人也会因为它的破旧和毁坏过的经历而对它爱莫能助。"

9月7日，肖邦在许多贵族的邀请下来到格拉斯举办音乐会。当然，这仅仅是一个"商人"音乐会，肖邦选择的都是一些轻松、愉快的乐曲，因为此时他的身体不支持他大规模的体力消耗。虽然他也在大家的要求下演奏了《F小调第四叙事曲》，但是在这群不懂音乐的人眼中，即使肖邦偷偷将困难的部分删减了，也没有人能听出。演奏完毕后，观众依旧掌声如雷，而肖邦并不开心。

他选择居住在斯特林的一间吉尔屋，当时他的状态很差，在写给朋友葛兹马拉的一封信中，可以明显地感受到这种感觉。他是这样说的："在斯特林的周末没有交通工具，也没有寄信的邮差，没有过路的马车，也没有多少人，甚至连养的宠物也没有。"写了这一句之后，他又看了看窗外无人的街道继续写着，"不知道为什么，我感受到了一丝绝望的气息，我对我的未来感觉没有什么期待了，甚至有点糟糕。因为我现在的身体状况非常差，完全写不了任何曲子，哪怕是去创作，也没有了欲望，这让我感到恐惧。从早上到下午，我都没有任何事情可以做，然后当我选择去穿衣服吃饭的时候，我发现每做一件事情都会让我感觉十分紧张。当我与朋友们一起坐在饭桌上吃饭的时候，听着他们的谈话，看着他们的面庞，这些以前令我无比开心的事，如今让我感到非常厌烦。因为当我讲一件事时，他们却跟我讲另一件事，于是我选择回到书房，闭目休息一会儿，才感觉恢复了一些力气。孤独的环境仿佛使我的灵魂又重新降临，我的身体带领着我回到卧室，脱去衣服，上床睡觉。仿佛我的身体又恢复了健康，我又能自由地呼吸和做着年少时的美梦了。不管如何，第二天的生活依旧进行着。"

在英国居住期间，肖邦还因为一件事情而难过，那就是这里音乐的地位没有想象中的高。音乐家只是一门谋生的职业，没有人会高看音乐家，甚至将音乐家与艺术家（画家）区别对待，因为在他们的思维中，音乐是远远比不上艺术的。如果你去询问当地的英国人为什么这样时，他们会说这些都是音乐家的问题，是音乐家们不去尝试改变，反而去演奏一些听不懂的民谣，而当你尝试告诉他新的演奏方法时，又没有人会放在心上。

"在一个周末，我为苏格兰女士们演奏了《夜曲》，其他人又演唱了一些当地歌曲，他们纷纷表示非常激动，不是因为《夜曲》，而是因为当地的歌曲。看着其中一位乐手用严肃的态度拉手风琴，却拉不出他们想听的曲调，我无能为力。"

"此刻从我的世界观来判断，在这个地方吃饭的每个人他们都有一些毛病。有一位女士拿着他的纪念册跟我炫耀说，这张照片上有女王，而她就在女王的旁边，甚至指着其中一张照片里的人说，这是她不知道多少代的侄女。还有另外一位女士也非常奇怪，选择站着演唱，并且演唱的同时还自己弹钢琴。"

"那些喜欢我作品的人要求我演奏一首歌曲，原因是他们喜欢歌曲的那种音调，而当每个人欣赏完我的音乐后都会说真的很棒。有时他们自己上台演奏时会仔细地看着我，同时用深厚的感情演奏出错误的音调，这种古怪的行为让我觉得甚是诡异，也让我非常不舒服。虽然这样的生活看起来很富裕，也不用再为自己的吃穿住行发愁，但是我感觉这样的生活在三四个月的时候，我将丢失现有的一切。"

11 月 16 日，肖邦决定在生命的最后必须再为波兰人民做点什么，于是他准备在伦敦市政厅的大厅举办一场音乐会。然而他并不知道，这场音乐会将是他人生中最后一场音乐会。这场音乐会举办的目的是帮助那些困苦的波兰人民，或者说是波兰难民。由于身体的原因，肖邦只演奏了一个小时，但是这次公开演出，让他觉得自己又一次和那些到处流浪的波兰志士们的心连在了一起。

在伦敦生活了七个月的肖邦决定再次返回巴黎，因为他的行动已经非常不便了，他自己也感觉时日无多。他的身体已经明显表现出早年夺走他的小妹艾米莉亚肺病的症状，这种病根本没法治愈，肖邦只能偶尔显示出往日的生气，然而这种生气越来越少。伦敦的生活让他感受到自己的音乐实力被肯定，在巴黎他将再次爆发属于他的光芒。尽管大多数听众都只是门外汉，但这也显示出了肖邦自身的实力及威望。

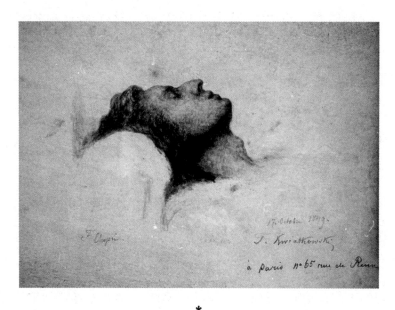

＊

晚年肖邦

他希望为祖国波兰的难民及祖国被侵略的现状作出自己的贡献，让更多外国人了解波兰的现状，激发外国人对波兰难民的同情，让更多的波兰难民得到帮助。就这样，他无悔地踏上了去往巴黎的旅程。

生命的晚霞

回到巴黎，肖邦的状态日渐萎靡，身体也日渐消瘦。1848 年，在他有限的精力下，又创作了几首波兰钢琴作品。他为了感谢朋友在伦敦的招待，就为他写了一首短篇圆舞曲。不久前，他还想写一本讲自己钢琴弹奏技巧的书，但是因为这些年身体病重，所以总是写写停停，直到最后也没能写完。他在音乐上的造诣及钢琴演奏心得，也随着他的离开而失去踪影。

在 19 世纪中叶的一个春天，恰诺作为巴黎的近郊，有幸迎来了这位伟大的钢琴家肖邦。肖邦的病在这里并没有好多少，但是春天的美景使他心中的郁闷与病痛带来的折磨有了一定的缓解。巴黎的天气环境对肖邦的肺病有很大影响，哪怕是在房间里都有非常浓厚的湿气。并且在生病期间，由于身体原因不能正常演出和教学，导致经济问题非常突出。肖邦一向没有什么积蓄，他把能用的积蓄都捐给了他认为需要的人。虽然他现在有几个学生，但却没法经常帮助自己，所以此时肖邦的生活状况非常窘迫。但巴黎还有不少朋友来看望他，每次带来的礼物也能大大缓解肖邦的生活困难。

1849 年 6 月，他写信给他的姐姐路德维卡，希望她能来法国巴黎。路德维卡陪了他一个夏天，可是他的病情一直在恶化，很少说话，只能用手势来表示。10 月，他进入弥留状态。10 月

15 日，他轻声地对陪伴在他病床旁的朋友说想要波托茨卡伯爵夫人为他唱歌。因为肖邦非常喜欢伯爵夫人的声音，在波托茨卡伯爵夫人来后，众人连忙把钢琴从客厅推到卧室门口，伯爵夫人秉着抽搐的喉咙唱到一半时，肖邦的痰突然涌了上来，在场的朋友都跪在地上祷告。10 月 16 日，一整天他都很痛苦，晕过去了好几次，在他清醒的时候，他希望他的朋友们能把他未完成的乐稿全部焚毁。他说："我非常尊重大众，过去创作的作品我都是尽最大努力，我不愿意有辜负观众的作品散播人间。"他接着说，"在我死后，将我的身体葬在巴黎，但是要将我的心脏送回波兰。"他再一次向每个朋友告别，紧接着又昏迷了过去。围绕在病榻边的是肖邦的几位密友，还有他的姐姐路德维卡——她一直在照料着肖邦，直到他生命的终结。陪在床边的还有一位神父——亚历山大。令他震惊的是，肖邦的每一次呼吸都很急促，一个人的身体竟是那样安静地、纯粹动物式地死去。他先是在楼道里晕倒，而后在没有意识到的某种叛逆心的怂恿下，他在自己的回忆录里虚构出了音乐大师之死的场面，这是他以为的最好的样子。他在书中提到了肖邦的遗言："我已是世间所有幸福的源头。"显然是弥天大谎。而事实是这样的，根据路德维卡的回忆，她弟弟什么都没说，实际上，他有好几个小时不省人事。去世前，真正从他口中流出的只有一道又黑又稠的鲜血。10 月 17 日清晨，他的好友兼学生古特曼喂他喝水时，他轻轻地叫了声："好朋友！"过了一会儿，就停止了呼吸。

路德维卡坐在马车里疯狂赶路，她筋疲力尽，浑身冰冷。这年冬天特别冷，阴沉沉的云团自西向东飘来，应该是要下雪了。葬礼过去已有几个月了，但在波兰还有一场葬礼等着她。肖邦生前一直重申，他想被葬在家乡，因为他很清楚自己就快死了，所以早就安排了自己的后事。

葬礼弥撒是在马格达兰纳教堂举行的。巴黎最著名的四位歌唱家演唱了莫扎特的《安魂曲》，管风琴上演奏着肖邦的《葬礼进行曲》和《E 小调前奏曲》。

正当拉西市公墓要关闭的时候，一位与肖邦结识多年的朋友双手捧着老师赠予的银杯，他把杯中肖邦平时视为珍宝的波兰土倒在了灵柩上。这个代表着祖国的物品跟随了肖邦十九年，到最后肖邦也应再与它共眠，肖邦始终与他的祖国波兰在一起！

肖邦的朋友们把他埋在了神父公墓里，葬礼结束后，他的朋友们各自散去，唯有一辆马车驶回了华沙，那是路德维卡，一位疼爱弟弟的姐姐。遵守着肖邦的遗言，带着肖邦的心脏来到了肖邦成长的地方。在教堂的安排下，肖邦的心脏被安置在圣十字教堂。在当地，这是一种至高无上的荣誉。

在现代，模仿肖邦的人很多，但始终没有出现与肖邦风格完全相同的人，因为他在那个时代所表现出来的精神、梦想、情感和坚定不移的爱国之心，是没有任何人能模仿得了的，只有他才最了解自己。在音乐的成就上，他结合各个音乐家的特点，包括巴赫和莫扎特，他跟他们一样，在吸收前人作品的基础上创造出了属于自己的风格与特色，他的天赋在他的音乐中尽显风华。

肖邦的身份有很多，常知的是作曲家和钢琴演奏家，但他还有不为人知的一面，那就是他还是一位幻想艺术家和抒情诗人。他的音乐所表现出来的波兰民族色彩，已经不再是一国之间的音乐，它可以在全世界流传。肖邦的作品在经历了历史的沉淀之后又经过了时间的残酷考验，时间将进一步证明他的伟大及其音乐的华美。

据传在第二次世界大战期间，波兰国土被希特勒占领，波兰人民把肖邦的心脏从教堂里拿出来藏在别处，直到 1949 年 10 月 17 日，肖邦逝世百年纪念日，才由当时的波兰人民共和国部长会议主席贝鲁特将珍藏肖邦心脏的匣子交给华沙市长，由华沙市长送回到圣十字教堂。可见波兰人民在最危急的关头也没有忘记这颗爱国志士的心。

伟大的肖邦虽然离开了我们，但是他优秀的作品始终承载着他那颗炽热的爱国之心，咏诵在世界人民的口中，他永远活在世界人民的心中。

*

肖邦去世

后记　青春礼赞

完成这本书，心中感慨万分。在这本书中，我陪伴着肖邦从华沙的初生到崭露头角，再到巴黎的成长与巅峰，玛略卡岛的重生与希望，最后到伦敦的静谧和悠然。看过肖邦创作成功的意气风发，创作失败的低吟皱眉，重遇父母的喜极而泣，突闻战乱对祖国的担忧。一路走来，我以旁观者的态度，看着肖邦从少年到壮年。他是青年的楷模，拥有许多值得新时代青年学习的精神品质。

从他的人生历程来看，你会发现一个永恒的基调，那就是为祖国奉献自己。他把那个带有波兰土的银杯一直带在身边，直到进入坟墓。在听说祖国首都华沙被入侵后，他悲愤至极，深情地说："我爱我的祖国，面对祖国的危亡，我决定用音乐武器和敌人拼杀，当我听到起义失败的消息，怀着悲愤的心情，写下了《革命练习曲》。后来，我不断地创作，写下了大量的歌词、曲谱，来表达我对祖国的思念和对民族的期望。"在巴黎住了十八年的肖邦一直在为祖国辛劳奔波，一直到离开之际，还要将自己的心脏送回波兰，他的爱国之心可歌可泣，令人敬佩。

俄罗斯文学评论家别林斯基曾说："任何一个伟大的诗人之

所以伟大，正是由于他的苦难和幸福在社会历史的土地中深深地扎下了根。"

肖邦的青年时期，波兰人民为了争取民族独立而更加紧密地团结在一起，这种反对奴役压迫、争取独立自由的民族斗争精神对他的思想产生了深远的影响。肖邦的作品与波兰的命运息息相关，面对破碎的国土和苦难的人民，肖邦用音乐为祖国谱写了一支"百万雄师"。在他的作品中，我们能听到他对祖国命运忧患的共情，听到他对侵略者满腔仇恨的呐喊，听到他吹响号召人民反抗侵略的号角，面对一次次的民族危机，对祖国的忠诚和对波兰民族文化的热爱已经成为肖邦一生的信念。

20 世纪 20 年代，肖邦的作品传入中国。著名的钢琴家江定仙先生在上海国立音专发起了中国历史上第一场"肖邦音乐会"。20 世纪 30 年代，中国进入艰苦的抗战时期，肖邦那些催人奋进的音乐也一直鼓舞并激励着中国人民的斗志。

青年思想教育读物《傅雷家书》中也记录了傅聪收到的家信中多次提及音乐家肖邦。1955 年，傅聪弹奏的《玛祖卡舞曲》荣获"第五届肖邦国际钢琴大赛"第三名，成为中国第一位在肖邦国际钢琴大赛中获奖的钢琴家。

21 世纪的今天，我们仍要学习肖邦对梦想的努力追求，对父母的孝敬与感恩，对祖国的无限热爱，以及对生命的敬意与守护，使青少年在不断学习和探索中筑牢信念，不负韶华。

本书在编写过程中受到著名钢琴家、肖邦作品研究权威专家卡塔知娜·伯列克女士、波兰驻沪总领事皮欧特·莱施钦斯基的大力协助，在此谨致谢忱。特别致谢山西钢琴学会会长张瑞蓉教授、山西师范大学音乐学院原丽红副教授对本书的写作指导。感谢所有对本书的出版作出努力和支持的学者，本书的完成离不开你们严谨的治学态度以及精益求精的工作作风。再次向你们致以诚挚的谢意！

李嘉

2023 年 6 月

上海琴斋

附录

肖邦音乐出版作品表（按编号）

编号	作品名称	年份
	肖邦生前作品	
Op.1	Rondo in C minor（C 小调回旋曲）	1825
Op.2	"La ci darem la mano" from Mozart's opera Don Giovanni，in B-flat major, for piano and orchestra （莫扎特《唐·璜》主题变奏曲 "伸出你的玉手" ——降 B 大调钢琴与管弦乐变奏曲）	1827
Op.3	Introduction and Polonaise brillante in C major for cello and piano（C 大调引子与华丽的波兰舞曲）	1829
Op.5	Rondo à la mazurka in F major（F 大调玛祖卡舞曲型回旋曲）	1826
Op.6	4 Mazurkas（4 首玛祖卡舞曲） No.1 in F-sharp minor（升 F 小调） No.2 in C-sharp minor（升 C 小调） No.3 in E major（E 大调） No.4 in E-flat minor（降 E 小调）	1830
Op.7	5 Mazurkas（5 首玛祖卡舞曲） No.1 in B-flat major（降 B 大调） No.2 in A minor（A 小调） No.3 in F minor（F 小调） No.4 in A-flat major（降 A 大调） No.5 in C major（C 大调）	1830 -1831
Op.8	Trio for violin，cello and piano in G minor（G 小调钢琴三重奏）	1829

Op.9	3 Nocturnes（3 首夜曲）	1830
	No.1 in B-flat minor（降 B 小调）	-1831
	No.2 in E-flat major（降 E 大调）	
	No.3 in B major（B 大调）	
Op.10	12 Études（12 首练习曲）	1829
	No.1 in C major（C 大调）	-1832
	No.2 in A minor（A 小调）	
	No.3 in E major "Tristesse"（E 大调"悲伤"）	
	No.4 in C-sharp minor（升 C 小调）	
	No.5 in G-flat major "Black Key"（降 G 大调"黑键"）	
	No.6 in E-flat minor（降 E 小调）	
	No.7 in C major（C 大调）	
	No.8 in F major（F 大调）	
	No.9 in F minor（F 小调）	
	No.10 in A-flat major（降 A 大调）	
	No.11 in E-flat major（降 E 大调）	
	No.12 in C minor "Revolutionary"（C 小调"革命"）	
Op.11	Concerto for piano and orchestra No.1 in E minor（E 小调第一钢琴协奏曲）	1830
Op.12	Variations brillantes on "Je vends des Scapulaires" from Hérold's Ludovic, in B-flat major（降 B 大调华丽变奏曲）	1833
Op.13	Grande fantaisie sur des airs polonais in A major（A 大调波兰民歌幻想曲）	1828
Op.14	Rondo à la Krakowiak in F major（F 大调克拉科维亚克回旋曲）	1828
Op.15	3 Nocturnes（3 首夜曲）	1830
	No.1 in F major（F 大调）	-1833
	No.2 in F-sharp major（升 F 大调）	
	No.3 in G minor（G 小调）	
Op.16	Rondo in E-flat major（降 E 大调回旋曲）	1832
Op.17	4 Mazurkas（4 首玛祖卡舞曲）	1832
	No.1 in B-flat major（降 B 大调）	-1833

Op.17	No.2 in E minor（E 小调）	1832
	No.3 in A-flat major（降 A 大调）	-1833
	No.4 in A minor（A 小调）	
Op.18	Grande valse brillante in E-flat major	1831
	（降 E 大调华丽辉煌圆舞曲）	
Op.19	Bolero（波莱罗舞曲）	1833
Op.20	Scherzo No.1 in B minor（B 小调第一谐谑曲）	1831
Op.21	Concerto for piano and orchestra No.2 in F minor	1830
	（F 小调第二钢琴协奏曲）	
Op.22	Andante spianato et grande polon aise brillante in E-flat major the polonaise	1830
	section orchestrated	
	（降 E 大调平静的行板与华丽的大波兰舞曲）	
	Piano solo（钢琴独奏曲）	1834
Op.23	Ballade No.1 in G minor（G 小调第一叙事曲）	1835
Op.24	4 Mazurkas（4 首玛祖卡舞曲）	1834
	No.1 in G minor（G 小调）	-1835
	No.2 in C major（C 大调）	
	No.3 in A-flat major（降 A 大调）	
	No.4 in B-flat minor（降 B 小调）	
Op.25	12 Études（12 首练习曲）	1832
	No.1 in A-flat major "Aeolian Harp"（降 A 大调"竖琴"）	-1836
	No.2 in F minor（F 小调）	
	No.3 in F major（F 大调）	
	No.4 in A minor（A 小调）	
	No.5 in E minor（E 小调）	
	No.6 in G-sharp minor（升 G 小调）	
	No.7 in C-sharp minor（升 C 小调）	
	No.8 in D-flat major（降 D 大调）	
	No.9 in G-flat major "Butterfly"（降 G 大调"蝴蝶"）	
	No.10 in B minor（B 小调）	
	No.11 in A minor "Winter Wind"（A 小调"冬风"）	
	No.12 in C minor "Ocean"（C 小调"大海"）	

Op.26	2 Polonaises（2 首波兰舞曲） No.1 in C-sharp minor（升 C 小调） No.2 in E-flat minor（降 E 小调）	1834 -1835
Op.27	2 Nocturnes（2 首夜曲） No.1 in C-sharp minor（升 C 小调） No.2 in D-flat major（降 D 大调）	1835
Op.28	24 Preludes（24 首前奏曲） No.1 in C major（C 大调） No.2 in A minor（A 小调） No.3 in G major（G 大调） No.4 in E minor（E 小调） No.5 in D major（D 大调） No.6.in B minor（B 小调） No.7 in A major（A 大调） No.8 in F-sharp minor（升 F 小调） No.9 in E major（E 大调） No.10 in C-sharp minor（升 C 小调） No.11 in B major（B 大调） No.12 in G-sharp minor（升 G 小调） No.13 in F-sharp major（升 F 大调） No.14 in E-flat minor（降 E 小调） No.15 in D-flat major "Raindrop"（降 D 大调"雨滴"） No.16 in B-flat minor（降 B 小调） No.17 in A-flat major（降 A 大调） No.18 in F minor（F 小调） No.19 in E-flat major（降 E 大调） No.20 in C minor "Funeral March"（C 小调"葬礼进行曲"） No.21 in B-flat major（降 B 大调） No.22 in G minor（G 小调） No.23 in F major（F 大调） No.24 in D minor（D 小调）	1836 -1839
Op.29	Impromptu No.1 in A-flat major（降 A 大调第一即兴曲）	1837

Op.30	4 Mazurkas（4 首玛祖卡舞曲） No.1 in C minor（C 小调） No.2 in B minor（B 小调） No.3 in D-flat major（降 D 大调） No.4 in C-sharp minor（升 C 小调）	1836 -1837
Op.31	Scherzo No.2 in B-flat minor（降 B 小调第二谐谑曲）	1837
Op.32	2 Nocturnes（2 首夜曲） No.1 in B major（B 大调） No.2 in A-flat major（降 A 大调）	1836 -1837
Op.33	4 Mazurkas（4 首玛祖卡舞曲） No.1 in G-sharp minor（升 G 小调） No.2 in D major（D 大调） No.3 in C major（C 大调） No.4 in B minor（B 小调）	1837 -1838
Op.34	3 Waltzes（3 首圆舞曲） No.1 in A-flat major（降 A 大调） No.2 in A minor（A 小调） No.3 in F major（F 大调）	1831 -1838
Op.35	Piano sonata No.2 in B-flat minor "Funeral March" （降 B 小调第二钢琴奏鸣曲 "葬礼进行曲"）	1839
Op.36	Impromptu No.2 in F-sharp major（升 F 大调第二即兴曲）	1839
Op.37	2 Nocturnes（2 首夜曲） No.1 in G minor（G 小调） No.2 in G major（G 大调）	1838 -1839
Op.38	Ballade No.2 in F major（F 大调第二叙事曲）	1839
Op.39	Scherzo No.3 in C-sharp minor（升 C 小调第三谐谑曲）	1839
Op.40	2 Polonaises（2 首波兰舞曲） No.1 in A major "Military"（A 大调 "军队"） No.2 in C minor（C 小调）	1838 -1839

Op.41	4 Mazurkas（4 首玛祖卡舞曲） No.1 in E minor（E 小调） No.2 in B major（B 大调） No.3 in A-flat major（降 A 大调） No.4 in C-sharp minor（升 C 小调）	1838 -1839
Op.42	Waltz in A-flat major（降 A 大调华丽圆舞曲）	1840
Op.43	Tarantelle in A-flat major（降 A 大调塔兰泰拉舞曲）	1841
Op.44	Polonaise in F-sharp minor（升 F 小调波兰舞曲）	1841
Op.45	Prelude in C-sharp minor（升 C 小调前奏曲）	1841
Op.46	Allegro de concert in A major（A 大调音乐会快板）	1841
Op.47	Ballade No.3 in A-flat major（降 A 大调第三叙事曲）	1841
Op.48	2 Nocturnes（2 首夜曲） No.1 in C minor（C 小调） No.2 in F-sharp minor（升 F 小调）	1841
Op.49	Fantaisie in F minor（F 小调幻想曲）	1841
Op.50	3 Mazurkas（3 首玛祖卡舞曲） No.1 in G major（G 大调） No.2 in A-flat major（降 A 大调） No.3 in C-sharp minor（升 C 小调）	1841 -1842
Op.51	Impromptu No.3 in G-flat major（降 G 大调第三即兴曲）	1842
Op.52	Ballade No.4 in F minor（F 小调第四叙事曲）	1842
Op.53	Polonaise in A-flat major "Heroic" （降 A 大调波兰舞曲 "英雄"）	1842
Op.54	Scherzo No.4 in E major（E 大调第四谐谑曲）	1842
Op.55	2 Nocturnes（2 首夜曲） No.1 in F minor（F 小调） No.2 in E-flat major（降 E 大调）	1843
Op.56	3 Mazurkas（3 首玛祖卡舞曲） No.1 in B major（B 大调） No.2 in C major（C 大调） No.3 in C minor（C 小调）	1843
Op.57	Berceuse in D-flat major（降 D 大调摇篮曲）	1843

Op.58	Piano sonata No.3 in B minor（B 小调第三钢琴奏鸣曲）	1844
Op.59	3 Mazurkas（3 首玛祖卡舞曲） No.1 in A minor（A 小调） No.2 in A-flat major（降 A 大调） No.3 in F-sharp minor（升 F 小调）	1845
Op.60	Barcarole in F-sharp major（升 F 大调船歌）	1846
Op.61	Polonaise-Fantaisie in A-flat major（降 A 大调幻想波兰舞曲）	1846
Op.62	2 Nocturnes（2 首夜曲） No.1 in B major（B 大调） No.2 in E major（E 大调）	1846
Op.63	3 Mazurkas（3 首玛祖卡舞曲） No.1 in B major（B 大调） No.2 in F minor（F 小调） No.3 in C-sharp minor（升 C 小调）	1846
Op.64	3 Waltzes（3 首圆舞曲） No.1 in D-flat major "Minute Waltz" （降 D 大调 "小狗圆舞曲"） No.2 in C-sharp minor（升 C 小调） No.3 in A-flat major（降 A 大调）	1840 -1847
Op.65	Sonata for cello and piano in G minor（G 小调大提琴奏鸣曲）	1846

	肖邦遗作	
Op.posth.4	Piano sonata No.1 in C minor（C 小调第一钢琴奏鸣曲）	1828
Op.posth.20	Nocturne in C-sharp minor（升 C 小调夜曲）	1830
Op.posth.21	Nocturne in C minor（C 小调夜曲）	1848
Op.posth.66	Fantaisie-Impromptu in C-sharp minor （升 C 小调幻想即兴曲）	1835
Op.posth.67	4 Mazurkas（4 首玛祖卡舞曲） No.1 in G major（G 大调） No.2 in G minor（G 小调） No.3 in C major（C 大调） No.4 in A minor（A 小调）	1835 -1849
Op.posth.68	4 Mazurkas（4 首玛祖卡舞曲） No.1 in C major （C 大调） No.2 in A minor（A 小调） No.3 in F major（F 大调） No.4 in F minor （F 小调）	1827 -1849
Op.posth.69	2 Waltzes（2 首圆舞曲） No.1 in A-flat major "Valse de l'Adieu"（降 A 大调"告别"） No.2 in B minor（B 小调）	1829 -1835
Op.posth.70	3 Waltzes（3 首圆舞曲） No.1 in G-flat major （降 G 大调） No.2 in F minor （F 小调） No.3 in D-flat major（降 D 大调）	1829 -1841
Op.posth.71	3 Polonaises（3 首波兰舞曲） No.1 in D minor （D 小调） No.2 in B-flat major （降 B 大调） No.3 in F minor （F 小调）	1825 -1828
Op.posth.72	No.1 Nocturne in E minor（E 小调夜曲） No.2 Funeral March in C minor（C 小调葬礼进行曲） No.3 3 Ecossaises（3 首埃科塞斯舞曲） No.3a in D major（D 大调） No.3b in G major（G 大调） No.3c in D-flat major（降 D 大调）	1826 -1827

Op.posth.73	Rondo in C major versions for solo piano and two pianos （C 大调双钢琴回旋曲）	1828
Op.posth.74	17 Polish Songs（17 首波兰歌曲）	1829
	No.1 Mädchens Wunsch（少女的愿望）(1829)	-1847
	No.2 Was ein junges Mädchen liebt（年轻姑娘爱什么）(1829)	
	No.3 Der Bote（女信使）(1830)	
	No.4 Mir aus den Blicken（走开）(1830)	
	No.5 Der Reitermann vor der Schlacht（战士）(1830)	
	No.6 Bacchnal（宴会）(1830)	
	No.7 Trübe Wellen（忧愁的小溪）(1831)	
	No.8 Die Heimkehr（回家 / 未婚夫）(1831)	
	No.9 Lithauisches Lied（立陶宛歌谣）(1831)	
	No.10 Polens Grabgesang（波兰悲歌 / 落叶）(1836)	
	No.11 Das Ringlein（戒指）(1836)	
	No.12 Meine Freuden（我的爱人）(1837)	
	No.13 Der Frühling（春天）(1838)	
	No.14 Mein Geliebter（我的甜心）(1841)	
	No.15 Zwei Leichen（两种结局）(1845)	
	No.16 Melancholie（忧郁 / 没有我需要的）(1845)	
	No.17 Eine Melodie（旋律）(1847)	

注：肖邦未出版的遗作（无编号）未归入此表。